D1932622

Abhandlungen zur Philosophie, Psychologie und Pädagogik, Band 176

Pädagogische Theorie – Pädagogische Hermeneutik

von Jürgen Hüllen

1982

Bouvier Verlag Herbert Grundmann · Bonn

CIP-Kurztitelaufnahme der Deutschen Bibliothek
HÜLLEN, JÜRGEN:
Pädagogische Theorie — pädagogische Hermeneutik / von Jürgen Hüllen. — Bonn: Bouvier, 1982.
(Abhandlungen zur Philosophie, Psychologie und Pädagogik; Bd. 176)
NE: GT

ISBN 3-416-01702-1

ISSN 0065-0366

Alle Rechte vorbehalten. Ohne ausdrückliche Genehmigung des Verlages ist es nicht gestattet, das Buch oder Teile daraus zu vervielfältigen. © Bouvier Verlag Herbert Grundmann, Bonn 1982. Printed in Germany.
Druck und Einband: Druckerei Plump KG, Rheinbreitbach.

Inhaltsverzeichnis

Einleitung

Pädagogische Theoriebildung vom Gegenstand oder von der Methode her?

Man kann mit Recht – wie F. Nicolin in der Einleitung seines Sammelbandes „Pädagogik als Wissenschaft" es tut – die Geschichte der wissenschaftlichen Pädagogik seit ihren Anfängen im 19. Jahrhundert als eine „Geschichte der Reflexion auf die Möglichkeit und der Voraussetzungen einer pädagogischen Wissenschaft" ansehen.[1] Zur Pädagogik gehört mehr als zu irgendeiner anderen Wissenschaft wesensmäßig die Frage nach ihren Grundlagen, ihrer Begrifflichkeit, ihren Problemen, ihren Forschungsmethoden und nach dem Verhältnis von Theorie und Praxis. Hat sie es doch mit einem Gegenstand zu tun, an dessen Gestaltung sie gerade auch als Wissenschaft entscheidend mitwirkt. So ist sie von Anfang an in eine besondere Verantwortung genommen, die sie immer wieder auch das Ganze ihres Tuns gleichsam von außen, eben metatheoretisch, reflektieren läßt.

Das 20. Jahrhundert unterscheidet sich nun in der pädagogischen Forschung gewiß vom 19. Jahrhundert dadurch, daß es ziemlich genau strukturierte und ausformulierte wissenschaftstheoretische Konzeptionen der Pädagogik hervorgebracht hat. In der Sprache von Th. S. Kuhn zu sprechen: auch in der Pädagogik haben sich relativ stabile Paradigmata herausgebildet.[2] Daß dabei von den unterschiedlichen Konzeptionen her ganz verschiedene Einteilungen und Zusammensichten verschiedener Forscher zustandekommen, daß etwa W. Brezinka erziehungswissenschaftliche Konzeptionen nur auf einem Kontinuum von ganz deskriptiv bis ganz normativ verortet[3], tut dieser Einsicht keinen Abbruch. Das kann im Gegenteil zu sehr fruchtbaren Auseinandersetzungen führen.

Aber mit der Stabilisierung der erziehungswissenschaftlichen Konzeptionen im 20. Jahrhundert ist ein entscheidender Wandel im metatheoretischen Fragen und eine Verlagerung des Schwerpunktes in der metatheoretischen Diskussion verbunden. Im 19. Jahrhundert stand am Beginn alles Fragens nach den Möglichkeiten und Voraussetzungen einer pädagogischen Wissenschaft „die altväterliche Frage, der sie ihre Existenz verdankt: was das denn sei, die Erziehung?"[4] Und die Beantwortung dieser Frage führte zu einer weiteren, sekundären, Frage: mit welchen Forschungsmethoden ein solcher Gegenstand adäquat zu untersuchen sei. Die Einsicht, daß Pädagogik Theorie eines Tuns und damit praktische Theorie sei, war dabei immer schon unbestritten zugrundegelegt. Wissenschaftliches Fragen zielte darauf ab, erzieherisches Tun, die Praxis, zu erhellen, um sie eine andere, bessere werden zu lassen. Von diesem Ansatz aus umfaßte Pädagogik jenen weiten Fragenkreis, der von der Frage der Erziehungsmittel bis zur Frage nach dem Sinn des menschlichen Lebens reichte, weil man sah, daß im Gegenstand der pädagogischen Theorie, der Erziehung, diese Fragen immer wieder auftauchten.[5]

Zu Beginn des 20. Jahrhunderts nun verschiebt sich der metatheoretische Rahmen unter dem Einfluß des Positivismus grundlegend. Ausgegangen wird in der Theoriebildung nicht mehr vom Gegenstand, sondern von der Forschungsmethode. Zuerst wird jetzt die Frage entschieden, was eine wissenschaftliche Theorie sei, nämlich eine solche, die logisch und empirisch überprüfbar ist, und erst dann wird gefragt, wie ein Gegenstand aussehen und angesehen werden muß, damit er Eingang in die Theoriebildung finde. Man kann das sehr schön an W. Brezinkas „Metatheorie der Erziehung" ablesen. Da wird zunächst sehr breit über Wissenschaftsbegriffe und Pädagogik als Wissenschaft referiert, ehe die Erziehung als „der Gegenstand der Erziehungswissenschaft" in die Untersuchung aufgenommen wird.[6] Natürlich wird die Erziehung als Gegenstand der Erziehungswissenschaft so definiert, daß sie sich den Forschungsmethoden fügt.

Man würde nun die vielen fruchtbaren metatheoretischen und erziehungswissenschaftlichen Bemühungen der geisteswissenschaftlichen Pädagogik, der kritisch-normativen Pädagogik und der kritischen Erziehungswissenschaft[7] abwerten, würde man sagen, daß die metatheoretische Diskussion der Pädagogik eine Auseinandersetzung um die in der Pädagogik zugelassenen Forschungsmethoden geworden ist. Aber man kann nicht übersehen, daß der Streit um die Forschungsmethoden sich stark in den Vordergrund geschoben hat, und dies um den Preis einer Erhellung des Gegenstandes der pädagogischen Theorie.

Daß man etwa darüber streiten muß, ob Pädagogik als Wissenschaft eine praktische Theorie ist oder nicht, ist – überblickt man Geschichte und Systematik der Pädagogik – eigentlich absurd. Dennoch ist dieser Streit immer wieder unausweichlich. Denn die Grundannahme, daß pädagogische Theorie als wissenschaftliche eine Theorie für die Praxis ist, wurde vom Positivismus und Empirismus als erstes verworfen. Von allen

Verfechtern positivistischer und empirisch-analytischer Erziehungswissenschaft wird die These von A. Fischer aufgegriffen, daß derjenige, der forscht und erkennt, nicht handelt[8], daß seine Ergebnisse also anderen Kriterien als denen der Praxis entsprechen müssen. Sicher, wer handelt, realisiert auch Normen und Werte und Sinn. Diese aber sind nach Auffassung des Positivismus subjektive Entscheidungen und keine „Tatsachen"; folglich können sie nicht wissenschaftlich, d. h. aber eben durch empirische Methoden, begründet werden. Hermeneutische Verfahren, ja jede Reflexion, die über das Forschungsmethodologische hinausging, wurden als wissenschaftlich unzulässig abgelehnt.

Von den anderen wissenschaftstheoretischen Konzeptionen wurde der Schwerpunkt in der Diskussion mit Recht auf die Frage gelegt, ob ein solcher Methodenmonismus dem Gegenstand pädagogischer Theorie gerecht werden könne, ob nicht vielmehr eine Festlegung auf die Methoden empirischer Überprüfung zu einer normierenden Setzung des Gegenstandes, ja zu seiner Verfälschung, führen müsse. Und wenn man W. Brezinkas Definition von Erziehung ansieht[9], dann scheint diese Frage durchaus bejaht werden zu müssen. Hermeneutisch orientierte Erziehungswissenschaftler forderten eine Wendung der pädagogischen Theoriebildung weg von der Methode zurück zum Gegenstand als Ausgangspunkt der Forschung. Der Gegenstand müsse die Methodenwahl beeinflussen, nicht umgekehrt.

Die Wende der pädagogischen Theoriebildung zurück zum Gegenstand ist auch Kern der vorliegenden Untersuchung. Ihre Grundthese ist, daß die Hermeneutik den Forscher, seinen Gegenstand und den methodischen Zugang des einen zum anderen wieder in ein ausgewogenes Verhältnis bringt. Insofern müßte die von H. Roth Anfang der sechziger Jahre proklamierte „realistische Wendung der pädagogischen Forschung" von einer hermeneutischen Wende begleitet sein und unterstützt werden. Hermeneutik in diesem Sinne ist jedoch keine monolithische Forschungsmethode, die sich in abcheckbaren Forschungsanweisungen dokumentieren könnte, sondern sie ist ein „kritisches Reflexionswissen", um diesen Ausdruck von H.-G. Gadamer und J. Habermas hier aufzugreifen.[10] Sie thematisiert und nimmt durch Bewußtmachung in die Zucht jene Momente, die für jede forscherische Erkenntnis, auch eine solche der empirischen Forschung, konstitutiv sind. Vorverständnis des forscherischen Subjektes, wirkungsgeschichtliches Bewußtsein, Zirkel des Verstehens, die anthropologische Dimension von Sinnverstehen und Sprache sind demnach keine Spezifika eines hermeneutischen Verfahrens, sondern sind unübersteigbare Grundbedingungen jedes Erkenntnisaktes, die in der hermeneutischen Reflexion thematisiert und für die Forschung fruchtbar gemacht werden müssen. Und der „Universalitätsanspruch der Hermeneutik" ersetzt demnach nicht einen Methodenmonismus durch einen anderen, sondern bedeutet präzise dies, daß die Hermeneutik in ihrer transzendentalen Reflexion Momente bewußt macht, die jeden Erkenntnisakt als solchen mit bestimmen. Wird diese hermeneutische Reflexion unterlassen, weil etwa eine bestimmte Forschungskonzeption alle Reflexion, die über das Methodologische hinausgeht, verbietet, dann geschieht dies auf Kosten des Gegenstandes pädagogischer Theorie. Pädagogische Theorie kann in diesem Verständnis also zwar auch empirisch-analytische Theorie sein, stets aber ist sie pädagogische Hermeneutik.

I Hermeneutik – Verfahren und Philosophie

1. Zum Begriff

Das Wort „Hermeneutik" geht auf griechisch „hermeneuein" – auslegen, verkündigen und damit auch verstehen – und seine große Wortfamilie zurück. Sein Verständnis im heutigen Sinne ist jedoch eng mit der Herausbildung „eines modernen Methoden- und Wissenschaftsbegriffs" im 18. und 19. Jahrhundert verbunden.[1] Zuerst suchten die Wissenschaften, die wesentlich mit praxisrelevanten Texten zu tun hatten, wie Theologie bzw. Philosophie und Jurisprudenz, nach handhabbaren und wie auch immer begründeten Verfahren, den Thesaurus ihrer Wissenschaft für die jeweiligen Fälle fruchtbar zu machen, eben auszulegen. Dann folgten die Wissenschaften, die ebenfalls mit auslegungsbedürftigen Gegenständen zu tun hatten, wie die Philologien, die Kunstwissenschaft, die Archäologie, die Geschichtswissenschaft, für die schon historische Taten und Ereignisse eines verstehenden Aktes würdig waren, und zuletzt auch die Wissenschaften, die die psychische, soziale, ja menschliche Wirklichkeit schlechthin als etwas der Auslegung bedürftiges ansahen, wie etwa Psychologie, Psychoanalyse, Soziologie, Politikwissenschaft und vor allem auch die Pädagogik.

Wichtig – vor allem auch hinsichtlich der pädagogischen Hermeneutik – ist nun für das neuzeitliche Hermeneutikverständnis, daß Hermeneutik nie eindimensional als simples, lehrbares Verfahren einer Gruppe von Wissenschaften, vergleichbar den Verfahren anderer Wissenschaften angesehen wurde und angesehen werden konnte. Mit der Konzeption des Verfahrens, der Feststellung seiner Regeln, Leistung und Gefährdungen war vielmehr stets eine andere Dimension, nämlich die der Begründung und Eigenreflexion dieses Verfahrens verbunden. Neuzeitliche Hermeneutik war also stets wissenschaftliches Verfahren und Konzeption eines Horizontes, in dem dieses Verfahren seine Gültigkeit und Legitimation haben konnte. Diese zweite Dimension der Hermeneutik, oft wird sie als „philosophische Hermeneutik" zur Abgrenzung vom simplen hermeneutischen Verfahren bezeichnet[2], hat sich über Einzelfragen der Methodik, über die Wissenschaftstheorie und Erkenntnistheorie bis hin zu transzendentalphilosophischen Fragen der Konstitution der Lebenswelt und zur Ontologie ausgeweitet.

So bildet für F. E. D. Schleiermacher, der die Hermeneutik zum grundlegenden Verfahren aller Geisteswissenschaften erklärte[3], die metaphysische Konzeption eines All-Lebens, in dem die einzelnen Individuen untrennbar miteinander verbunden sind, aus dem heraus sie zugleich aber auch ihre je eigene Individualität gewinnen, den Horizont, auf dem so etwas wie Hermeneutik möglich und notwendig wird.[4] Der Schöpfer eines Werkes und sein Interpret haben beide je in ihrer Besonderheit an einem gemeinsamen Ursprung teil, so ist es dem Interpreten möglich, den Schöpfungsakt gleichsam verstehend nachzuvollziehen. Notwendig ist dieser Akt, weil Schöpfer und Interpret ja keine Identitäten, sondern je eigene Individualitäten sind. Hermeneutik ist aber kein subjektivistisches Nachempfinden, sondern eine Kunst, die neben einer gewissen intuitiven Fähigkeit auch viele benennbare und lehrbare Regeln enthält, denn die Entwicklung und Entschlüsselung von Sinn ist für den Menschen an Sprache gebunden.[5]

W. Dilthey sieht die philosophische Grundlage der Hermeneutik in der Struktur des Lebens. Das Leben, nun aber nicht mehr als metaphysisches All-Leben, ist es, das sich in allen vom Menschen hervorgebrachten Erscheinungen ausdrückt. Der etwa durch ein Erlebnis zum Ausdruck gedrängte Produzent eines Werkes, einer Geste, einer Äußerung bewegt sich in denselben Strukturen des Lebens wie derjenige, der den Ausdruck wieder verstehend verlebendigt. „Das Verstehen reicht von dem Auffassen kindlichen Lallens bis zu dem des Hamlet oder der Vernunftkritik. Aus Steinen, Marmor, musikalisch geformten Tönen, Worten und Schrift, aus Handlungen, wirtschaftlichen Ordnungen und Verfassungen spricht derselbe menschliche Geist zu uns und bedarf der Auslegung.“[6] Der Aufweis der Strukturen des Lebens, etwa in einer Psychologie oder Lebensphilosophie, dient der Erhellung und Perfektionierung jener Erkenntnisart, die Hermeneutik heißt. „Verstehen fällt unter den Allgemeinbegriff des Erkennens, wobei Erkennen im weitesten Sinne als Vorgang gefaßt wird, in welchem ein allgemeingültiges Wissen angestrebt wird. Verstehen nennen wir den Vorgang, in welchem aus sinnlich gegebenen Äußerungen seelischen Lebens dieses zur Erkenntnis kommt. So verschieden auch die sinnlich auffaßbaren Äußerungen seelischen Lebens sein mögen, so muß das Verstehen derselben durch die angegebenen Bedingungen dieser Erkenntnisart gegebene gemeinsame Merkmale haben.“[7] Im Unterschied zu den Naturwissenschaften, deren Gegenstände letztlich vom Menschen unabhängig existieren und sich so in generellen, auf empirische Data bezogenen Sätzen erklären lassen, kommt es in den den Menschen im weitesten Sinne zum Gegenstand habenden Wissenschaften darauf an, empirische Data auf dem Hintergrund des sie bedingenden Lebens zu sehen. „Verstehen ... ist das grundlegende Verfahren für alle weiteren Operationen der Geisteswissenschaften ... Wie in den Naturwissenschaften alle gesetzliche Erkenntnis nur möglich ist durch das Meßbare und Zählbare in den Erfahrungen und in diesen enthaltene Regeln, so ist in den Geisteswissenschaften jeder abstrakte Satz schließlich nur zu rechtfertigen durch seine Beziehung auf Lebendigkeit, wie sie im Erleben und Verstehen gegeben ist."[8]

Mit M. Heidegger, der seine hermeneutische Philosophie auf der Basis von E. Husserls Phänomenologie und dessen Verständnis der Lebenswelt des Menschen entwirft, tritt die Hermeneutik in einen neuen Argumentationszusammenhang, nämlich einen transzendentalphilosophischen, hinter dem keine Konzeption mehr zurück kann. Heidegger weist nach, daß Hermeneutik, Verstehen, nicht eine Methode unter anderen wissenschaftlichen Methoden ist, sondern daß sie eine schon vor jeder Wissenschaft liegende, mit dem Menschen immer schon gegebene transzendentale Erkenntnisform ist. Der Mensch ist als Mensch nicht ein Wesen, das auch etwas verstehen oder nicht verstehen könnte, sondern wie der Mensch in der Welt ist, wie er sich zu den Mitmenschen, den Dingen der Welt, der Natur und zu sich selbst verhält – das ist das Verstehen. Verstehen ist „Grundmodus" des Menschen, also quasi ein Anthropologicum. „Verstehen dagegen im Sinne einer möglichen Erkenntnisart unter anderen, etwa unterschieden von ‚Erklären' muß mit diesem als existenziales Derivat des primären das Sein des Da (das meint den Menschen, der Verf.) überhaupt mitkonstituierenden Verstehens interpretiert werden."[9] Verstehen als wissenschaftliche Methode ist also möglich und notwendig, weil der Mensch als Mensch immer schon ein verstehender ist. Und das Verstehen als wissenschaftliche Methode richtig zu erfassen, bedeutet, auf das Immer-schon-Verstehen des Menschen als Menschen zurückgreifen zu müssen, da dieses die Wurzel des ersteren ist. In einer so aufgefaßten Hermeneutik, in der Verstehen quasi ein unübersteigbares Anthropologicum ist, erweisen sich viele Probleme, die mit der wissenschaftlichen hermeneutischen Methode aufgeworfen werden, als im Ansatz verfehlt.

H.-G. Gadamer nimmt den transzendentalphilosophischen Ansatz Heideggers vertiefend und zugleich konkretisierend auf. Auch ihm geht es in der Hermeneutik um jene Erkenntnisart, „Erfahrungsweisen", die vor aller wissenschaftlichen Methodik mit dem Menschen immer schon gegeben sind. Sie kommen in der Lebensgeschichte, Kunst, Philosophie und Geschichte zum Tragen. „Das alles sind Erfahrungsweisen, in denen sich Wahrheit kundtut, die nicht mit den methodischen Mitteln der Wissenschaft verifiziert werden kann."[10] Verstehen ist das Sich-Einrücken des Verstehenden durch sinnkonstituierende Aufnahme eines Objektes in einen Zusammenhang, der weitaus umfassender ist, als dies ein Subjekt-Objekt-Verhältnis, eben Verstehender und Verstandenes, auszudrücken vermöchte. Im Verstehen eignet sich der Verstehende etwas an, dem er selber gleichwohl immer schon zugehörig ist, sonst wäre Verstehen überhaupt nicht möglich. Gadamer weist nach, „wieviel Geschehen in allem Verstehen wirksam ist und wie wenig durch das moderne historische Bewußtsein die Traditionen, in denen wir stehen, entmächtigt sind."[11] Im Verstehen wird der Verstehende – und dies ist für die pädagogische Hermeneutik besonders wichtig – durch die Einordnung in ein Geschehen handlungsfähig im klassischen, Ziele und Methoden umfassenden, Sinn des Wortes. „Die Hermeneutik rückt so universal verstanden in die Nachbarschaft zur praktischen Philosophie . . . Die philosophische Hermeneutik ist sich dessen bewußt. Eine Theorie der Praxis ist offensichtlich Theorie und nicht Praxis, aber eine Theorie der Praxis ist auch nicht eine ‚Technik' oder eine Verwissenschaftlichung der gesellschaftlichen Praxis: das sind Wahrheiten, die gegenüber dem neuzeitlichen Wissenschaftsbegriff zu verteidigen eine der wichtigsten Aufgaben der Hermeneutik ist."[12]

2. Das objektivistische Mißverständnis der pädagogischen Hermeneutik

So sind Verfahren und Philosophie der Hermeneutik stets eng miteinander verbunden. Verstehen als Verfahren ist auf einen philosophischen Vorentwurf des Verstehenden und des Verstandenen verwiesen. Auch eine pädagogische Hermeneutik darf sich darüber nicht ungestraft hinwegsetzen. Gelingt es ihr, sich und ihren Gegenstand, die Erziehung im weitesten Sinne, in einen gemeinsamen Horizont zu stellen, wird die pädagogische Theorie damit zugleich ihre Legitimität erwiesen haben. Stellt sich die Hermeneutik als ein wissenschaftliches Verfahren unter anderen dar, dann ist sie immer ihrem eigentlichen Wirkungsraum entfremdet und wird von ihren Kritikern auf Probleme hingewiesen, die ihr ursprünglich nicht zufallen.

Leider ist die Hermeneutik, gerade auch in den Sozialwissenschaften und vor allem in der Pädagogik, unter dem Einfluß der Erfolge der empirisch-analytischen Wissenschaften mit ihren scharf umrissenen, eingeschränkten Methoden diesem objektivistischen Selbstmißverständnis verfallen. Sie glaubt, sich aufs Methodische beschränken zu können und zu müssen, um eben in der Einschränkung die gleiche Effizienz wie die empirisch-analytischen Verfahren zu gewinnen. Hermeneutik versteht sich dann nur noch als Auslegungstechnik, glaubt an ihrem Gegenstand einen Sinn erarbeiten zu können, der den Theorien der empirisch-analytischen Wissenschaften analog wäre.

So stellt W. Klafki die „hermeneutischen Verfahren" bewußt neben die empirischen, will verdeutlichen, „daß empirische und hermeneutische Methoden einander nicht etwa ausschließen, sondern daß sie im Verhältnis notwendiger Ergänzung stehen."[13] Und das soll nicht etwa die empirischen, sondern die „hermeneutischen Verfahren" rechtfertigen. Pädagogische Hermeneutik sieht Klafki deswegen als notwendig an, weil pädagogischen Sachverhalten „von bestimmten Menschen oder Menschengruppen ‚Sinn', ‚Bedeutung' zugesprochen wird . . . In den meisten Fällen liegen solche Auffassungen, Meinungen, Wertungen, Theorien bereits in schriftlicher Form vor, in Büchern oder anderen literarischen Dokumenten, generell gesagt: in Texten."[14] Empirisches Arbeiten sei nun immer in hermeneutischen Verfahren eingebettet, da der empirisch forschende Wissenschaftler seine Hypothesen „durch Überlegungen . . ., die den Charakter der Sinn- oder Bedeutungsermittlung haben, also durch hermeneutische Überlegungen" gewinne und seine empirischen Befunde erst durch ähnliche Überlegungen zu echten Forschungsergebnissen würden.[15] Anschließend gibt Klafki am Beispiel einer Textinterpretation „elf methodologische Grunderkenntnisse" an, wobei er das für die Hermeneutik so wichtige Vorverständnis des Forschers quasi auf eine Hypothese reduziert, die sich am Text bewähren muß.[16]

Ist es schon verwunderlich, pädagogische Hermeneutik damit zu begründen, daß „die Menschen" pädagogischen Sachverhalten Sinn zuschreiben – denn wem schreiben die Menschen eigentlich keinen Sinn zu? –, so ist es vollends befremdlich, die Hermeneutik auf ein Verfahren zur Gewinnung von Hypothesen bei der empirischen Arbeit zu reduzieren. Hermeneutik dadurch zu legitimieren, daß Empiriker Bücher lesen oder sich Gedanken machen, um eine Hypothese aufzustellen, ist absurd. Das hat mit wahrhaft hermeneutischem Zugang zum Gegenstand Erziehung nichts zu tun. W. Brezinka hat uns im Anschluß an K. Popper die

Augen für den Unterschied zwischen dem Entstehungs- und Begründungszusammenhang einer pädagogischen Theorie geöffnet. Entstehen darf danach eine Hypothese auf jede nur mögliche Weise. Er betont ausdrücklich, „daß im Entstehungszusammenhang größtmögliche Toleranz angezeigt ist, im Begründungszusammenhang dagegen uneingeschränkte Kritik. Auch in der Erziehungswissenschaft ist jeder denkbare Weg, auf dem jemand zu Einsichten zu gelangen hofft, zulässig. Was als ‚Verstehen' oder als phänomenologische ‚Wesensschau' bezeichnet wird, ist ebenso legitim, wie es die Beobachtung, die induktive Verallgemeinerung, der Vergleich oder die interpretierende Reflexion auf überliefertes Wissen sind. Beim Entdecken möglicher Zusammenhänge kommt es auf die Intuition, auf die Phantasie, auf schöpferische Einfälle an."[17] Wesentlich ist dem Empiriker nur , daß die Hypothese bzw. der daraus gewonnene Begründungszusammenhang auf den Leisten „kontrollierter Beobachtung physischen Verhaltens"[18] zu spannen ist. Das meint Brezinka neben der logischen Überprüfung mit „uneingeschränkter Kritik". Und hier fängt für ihn das wissenschaftliche Verfahren überhaupt erst an.[19] Klafki hat sich also allzu leicht vor den Karren eines methodischen Alleinvertretungsanspruchs der Empirie spannen lassen.

Aber mit Hermeneutik hat das, was Klafki da herausgearbeitet hat, nichts zu tun. Ergebnisse hermeneutischer Verfahren sind ja gerade dadurch ausgezeichnet, daß sie nicht einer ausschließlichen Bestätigung durch empirische Befunde bedürfen, daß ihnen ein anderer Erfahrungsbegriff als der empirische und damit andere Verifikations- und Falsifikationskriterien zukommen und daß die eingeschränkte Logik, deren die Empirie zur Führung etwa von Strichlisten wesensmäßig bedarf, in ihnen auch nur bedingte Geltung hat. Und diese Hermeneutik fällt voll unter Brezinkas Verdikt. Sie ist immer zugleich Verfahren und Philosophie, weil die Hermeneutik als Verstehen und damit Auffinden von Sinn eines Horizontes, eben eines übergeordneten Sinnganzen bedarf, von dem aus das Zu-verstehende sich überhaupt erst konstituiert und frag-würdig wird.

3. Konstitution eines Sinnzusammenhanges

Im hermeneutischen Verfahren wird ein empirisches Datum in Beziehung zu anderen Daten gesetzt und in einen übergeordneten Zusammenhang gestellt. Im alltäglichen Leben wird dem Verstehenden aus dem empirischen Datum einer Handbewegung eine Geste, die Geste Ausdruck eines so oder so gestimmten Menschen und einer bestimmten sozialen Situation, der der Verstehende selber auch angehört. Der Verstehende durch-schaut; sein Wissen um einen Mitmenschen, um die Welt hat sich bestätigt oder erweitert; im Verstehen findet er sich zurecht, was auch bedeutet, daß er handlungsfähig wird. Und wenn er sich dem Betroffenen oder einem anderen mitteilt, wird er im Idealfall auf spontane Zustimmung stoßen. In der erzieherischen Praxis wird der Lehrende Regungen seiner Edukanden fast noch halb unbewußt aufnehmen und in seinem „pädagogischen Tact" (Herbart) für den Erziehungsprozeß fruchtbar machen. Dieser Prozeß gelingt um so besser, je mehr der Lehrende durchschaut. Ähnliches gilt für die pädagogische Hermeneutik im Forschungsprozeß: der Verstehende sieht bestimmte empirische Daten eines Unterrichtsverlaufs im Zusammenhang des mikrodidaktischen, unterrichtlichen, schulischen, auch außerschulischen und sozialen Geschehens. Das Ziel und Ergebnis eines solchen In-einen-größeren-Zusammenhang-Stellens eines empirischen Datums ist stets Erkenntnis, ein erweitertes Wissen, mehr Information über das zu verstehende Geschehen. Die Frage, die jetzt sofort an die Hermeneutik gestellt wird, ist die, wie sicher eine solche Information über den Gegenstandsbereich ist, von wie vielen sie nachvollzogen werden kann und wie objektiv die gewonnene Erkenntnis damit ist. Das soll weiter unten im Zusammenhang des Subjektivismusvorwurfes beantwortet werden.

Für die Hermeneutik stellt sich im Vollzug der Sinnfindung die Frage nach dem angemessenen Umfang eines Zusammenhanges, in den ein empirisches Datum gestellt werden soll und wie viele andere empirische Daten im Verstehensprozeß heranzuziehen sind. Im alltäglichen Leben kann man leicht von der Handbewegung bis zum Geburtstrauma oder zum Ödipuskomplex oder zur Situation des entfremdeten Menschen in unserer Gesellschaft, der ‚alles bis zum Halse hat', einen Sinnzusammenhang entdecken. Man begegnet dieser Praxis überwuchender Deutung, die gleich aufs Ganze, auf Immer- und Allsätze geht und die die konkrete Situation so kompliziert, häufiger als vielleicht zu vermuten. In der historischen Hermeneutik kann man zur Aufarbeitung dessen, was 1789 in Paris beim Sturm auf die Bastille ‚wirklich' geschah (es handelte sich ja wohl nicht nur um die Ermordung der Schweizer Garde des Königs), bis ins 17. Jahrhundert oder bis zum alten Rom zurückgreifen und bis Napoleon oder bis ins 20. Jahrhundert ausgreifen. Will man in der pädagogischen Hermeneutik bestimmte empirische Daten eines Unterrichtsprozesses verorten, so kann man auch – wie es von den Studenten Ende der sechziger Jahre häufig geschah – einen Zusammenhang über „Lernarbeit leistende Schüler heute, Lohnarbeit leistende Bürger morgen" (H. J. Gamm), über den „Spätkapitalismus" und „militärisch-ökonomischen Komplex" bis hin zum Vietnamkrieg entdecken. In der Regel wird die pädagogisch hermeneutische Explikation im Zusammenhang der Lebenswelt der Lehrenden und Lernenden enden. Sie kann sich ja auch nicht damit begnügen, immanent auf der Ebene des didaktischen Geschehens zu bleiben, dieses vielleicht zu isolieren, sondern der Verstehende sieht sofort, daß dieses Geschehen zumindest eingebettet ist in dem Horizont, dem die Beteiligten außerhalb dieses Vorganges noch angehören. Und da nützen auch noch so viele empirisch bestätigte Lehr- und Lerntechniken nichts, wenn man nicht zuvor sich selbst als Forschenden oder Lehrenden, die Lernenden und den Vorgang selbst in einem entsprechenden Rahmen verstanden hat.

Wie weit schließlich der übergeordnete Zusammenhang, in dem das empirische Datum zu verorten ist, ausgreifen soll, hängt wesentlich von zwei Momenten ab. Das erste Moment ist durch das bestimmt, was der Verstehende mit seinem Verständnis bezweckt. Gadamer hat dies als die mit jedem hermeneutischen Verfahren verbundene „Applikation" herausgearbeitet.[20] Will der Verstehende in didaktische Prozesse besser eingreifen können, so wird er in seinen Bemühungen um einen Sinnhorizont nicht allzu weit ausgreifen, er bekommt die Dinge dann nicht mehr in den Griff. Will der Verstehende eine Revolution der bestehenden gesellschaftlichen Verhältnisse über die Institution Schule, „emanzipatorische Erziehung ist die . . . Theorie und Praxis des politischen Kampfes"[21], dann wird er auch auf die gesellschaftlichen Verhältnisse rekurrieren, die mittelbar mit dem zu verortenden empirischen Datum zu tun haben. Gadamer[22] und Habermas[23] haben nachgewiesen, daß dieses Applikationsmoment auch dem Verstehen von scheinbar sehr entfernten empirischen Daten, wie etwa einem historischen Ereignis oder einer fremden Kultur, zukommt, allerdings auf einer sehr hohen, abstrakten Stufe.

Das andere Moment, das teilhat an der Begrenzung des Sinnhorizontes, ist die Frage, wie weit sich der Verstehende den Mitverständigen, den ebenfalls Sach-verständigen, verständlich machen kann, daß sie bereit sind, seiner Einsicht zuzustimmen. Manchmal geschieht dies auf Anhieb, manchmal ist über einen weiteren Sinnhorizont eine Argumentationsbasis zu suchen. Potentiell sind diese Sach-verständigen alle

Menschen mit gleicher Ausbildung und einem gleichen globalen, lebensweltlichen Horizont.

4. Das Vorverständnis

Damit ist das für die Hermeneutik als Verfahren und Philosophie so wichtige Vorverständnis des Verstehenden angesprochen. Jedem Verstehensakt liegt immer schon ein Vor-verständnis des zu verstehenden empirischen Datums zugrunde. Sonst würde dieses empirische Datum ja überhaupt nicht auffallen und verstehens-würdig werden. Dies wird es erst dadurch, daß das Vorverständnis sich selbst als unzulänglich erkennt. Durch das In-Beziehung-Setzen zu anderen empirischen Daten und das In-einen-Zusammenhang-Stellen wird aus dem Vorverständnis ein Verstehen, das doch wiederum in bezug auf ein Besser-Verstehen wieder nur ein Vorverständnis ist. Das ist der hermeneutische Zirkel zwischen dem verstehenden Subjekt und dem erkannten Objekt, in dem sich Verstehen stets bewegt. Dieser Zirkel ist nach Auffassung hermeneutischer Philosophie nicht zu brechen, da er im Menschsein selbst angelegt ist, wie M. Heidegger erklärt: „Das Entscheidende ist nicht, aus dem Zirkel heraus-, sondern in ihn nach der rechten Weise hineinzukommen. Dieser Zirkel des Verstehens ist nicht ein Kreis, in dem sich eine beliebige Erkenntnisart bewegt, sondern er ist der Ausdruck der existenzialen Vorstruktur des Daseins (= des Menschen, der Verf.) selbst.“[24] Und J. Habermas stellt für die sozialwissenschaftliche Hermeneutik klar: „Erst der wissenschaftliche Apparat erschließt einen Gegenstand, von dessen Struktur ich gleichwohl vorgängig etwas verstanden haben muß, wenn die gewählten Kategorien ihm nicht äußerlich bleiben sollen. Dieser Zirkel ist durch keine aprioristische oder empiristische Unmittelbarkeit des Zugangs zu brechen, sondern nur in Anknüpfung an die natürliche Hermeneutik der sozialen Lebenswelt dialektisch zu durchdenken.“[25]

Das Vorverständnis kann nun – sehr verkürzt betrachtet – in der persönlichen Ausprägung des Verstehenden, seinen besonderen Kenntnissen, Einstellung, Vorlieben usw. liegen. Will der Verstehende aber zum Verstehen gelangen und damit zum Konsens potentieller Mitverständiger, dann muß er im gewissen Umfang über diese individuellen Bedingungen seines Verstehens Rechenschaft ablegen können. Das ist zumeist auch ganz unproblematisch. Die hermeneutische Philosophie weist daher vor allem unter den Stichworten „hermeneutischer Horizont“ und „wirkungsgeschichtliches Bewußtsein" daraufhin, wieviel an überindividuellem Vorverständnis, bedingt durch die Zugehörigkeit zu einer sozialen Gruppe, zu einem Traditionszusammenhang oder schlicht durch das Menschsein im Verstehenden enthalten ist. Nicht nur der Verstehende als individuelles Subjekt versteht, sondern es versteht in ihm. So wird Gadamer nicht müde zu betonen: „Die Reflexion eines gegebenen Vorverständnisses bringt etwas vor mich, was sonst hinter meinem Rücken geschieht. Etwas – nicht alles. Denn wirkungsgeschichtliches Bewußtsein ist auf eine unaufhebbare Weise mehr Sein als Bewußtsein."[26] Gadamer macht wie Habermas und die moderne Sprachphilosophie das hermeneutische Vorverständnis vor allem an Sprache fest: „Sein, das verstanden werden kann, ist Sprache."[27]

5. Der Subjektivismusvorwurf

Das Vorverständnis ist in seiner konkretesten Form die bestimmte Fragestellung, mit der der Verstehende an ein empirisches Datum geht, in seiner weitesten eine bestimmte allgemeine Interpretation des Menschen und der Welt. Dazwischen sind sehr viele, allerdings stets miteinander verbundene, Stufen des Sinnzusammenhanges möglich. Wichtig ist die Klarheit über das hermeneutische Vorverständnis, weil eben dieses den Zugang zum empirischen Datum sichert. Wer in der pädagogischen Hermeneutik im Zögling das Objekt von bestimmten Lehrtechnologien sieht (Brezinka) oder den Träger von bestimmten klassenspezifischen Merkmalen (Gamm) oder den relativ autonomen und vernünftigen Gesprächspartner (Mollenhauer), dem wird sich ein empirisches Datum eines didaktischen Vorganges jeweils ganz unverwechselbar in bestimmten Sinnzusammenhängen darstellen; wobei natürlich auch darüber wieder eine Verständigung möglich ist. Die jetzt wieder naheliegende Frage, welches Vorverständnis und welcher Sinnzusammenhang richtiger im Sinne von wahrheitsfähiger bzw. der Sache angemessener ist, ist nicht einfach zu beantworten.

Daß diese Frage eben nicht mit einem Ja/nein-Entscheid zu beantworten ist und daß hermeneutische Verfahren am gleichen Objekt, etwa einem Text, zu unterschiedlichen „Ergebnissen" kommen können, hat der Hermeneutik den Vorwurf der Nichtobjektivität und des Subjektivismus eingetragen. Daß etwa Goethe im Nationalsozialismus als Entwerfer des gleichzeitig sinnenden und tätigen, „nordischen Menschen", in der

DDR als Dichter eines „frührevolutionären", gegen das behäbige Bürgertum gerichteten Aktivisten und in der Bundesrepublik als Entwerfer des modernen, am gesellschaftlichen Leben verständig teilhabenden „Bürgers" interpretiert wird, muß ja auch einfacher strukturierten, an der strikten Logik orientierten Weltauffassungen ein Greuel sein. Aber Tatsache ist: eine solche Vieldeutigkeit gehört zum Wesen der Hermeneutik. Wie es kein endgültiges, gleichsam stillgesetztes, Vorverständnis gibt, so gibt es auch keinen endgültigen Sinnzusammenhang. Hermeneutik ist immer offen für ein Anders- oder Besser-Verstehen.

Dennoch ist der Vorwurf der Nichtobjektivität oder des Subjektivismus nicht angebracht. Denn erstens gibt es eine unendliche Menge von empirischen Daten, über die die Menschen oder bestimmte Menschengruppen immer schon verständigt sind oder zu einer Verständigung kommen können; zweitens führen sich Konstruktionen von Sinnzusammenhängen, die nun ganz offensichtlich sehr einseitig oder abgelegen sind, dadurch daß sie keine Zustimmung finden, selbst ins Abseits. Wenn also einige Zeitgenossen in im Selbstverlag publizierten Schriften die Theorie vertreten, Grundlage jeglichen Weltgeschehens sei die Polarität des Männlichen und des Weiblichen, dann ist das zwar recht amüsant, wird aber wohl kaum von einer größeren Zahl von Menschen akzeptiert werden. Hier darf die hermeneutische Konsenstheorie allerdings nicht ohne Selbstkritik bleiben. Denn natürlich darf nicht umgekehrt aus der Zahl der Zustimmenden geschlossen werden, daß dieses oder jenes Verständnis ungefragt als wahr angesehen werden kann. Daß im Nationalsozialismus von vielen Deutschen „nordische Rasse" und Menschsein gleichgesetzt wurde, läßt diese Theorie heute darum nicht weniger barbarisch erscheinen. Die Frage der Wahrheits- und Konsensfindung ist für die Hermeneutik ein leidiges und unerschöpfliches Thema, aber – wie sich noch zeigen wird – nicht nur für sie. Sie stellt sich nur diesem Problem ganz rigoros.[28]

Der Vorwurf des Subjektivismus ist auch noch aus einem anderen Grund unangebracht. Im hermeneutischen Verfahren geht es ja bei dem In-einen-Zusammenhang-Stellen letztlich nicht um das fertige Ergebnis, sondern es geht um das Verfahren selbst und seine Philosophie. Jedes Verstehen ist darauf angelegt, im gleichen Augenblick seines Vollzuges schon wieder in einem besseren Verstehen aufgehoben zu werden. So gesehen läuft das Verstehen auf ein ständiges Austauschen von Argumenten, auf ein Im-Gespräch-Bleiben hinaus. Der Verstehende teilt sich den Mitverständigen über ein empirisches Datum und seinen Sinnzusammenhang so mit, daß diese ihm darauf in einem bestimmten Rahmen antworten können; natürlich muß dieser Dialog nicht immer faktisch stattfinden, aber er muß im Laufe einer endlichen Zeit tatsächlich geführt werden können. Daß aber einer dem anderen verständnisvoll antworten kann, das ist überhaupt der so schwer zu gewinnende letzte Grund von Vernünftigkeit. Somit ist Hermeneutik praktizierte Vernünftigkeit.

6. Voraussetzungen

Natürlich macht die Hermeneutik als Verfahren Voraussetzungen, die sie aber in der Philosophie immer wieder thematisiert und zu bearbeiten sucht. Eine wesentliche Voraussetzung, die sie macht, ist die Annahme, daß die Welt, vor allem die mit dem Menschen im engeren Zusammenhang stehende Lebenswelt, so beschaffen ist, daß die Erstellung von Sinnzusammenhängen unser Wissen über sie erweitert. Diese Voraussetzung kann nun so angelegt sein, daß man den Sinn als zu entdeckenden der Welt zugrunde legt quasi hypostasiert oder daß man den Sinn als Konstruktion, Hermeneutik als Sinngebung eines an sich Sinnlosen auffaßt. Das hermeneutische Geschehen ist dadurch nur sehr mittelbar berührt. Auf jeden Fall aber ist die Hermeneutik darauf angewiesen, daß man mit Sinn in der Welt überhaupt etwas ausrichten kann. Dies gilt ganz besonders für die pädagogische Hermeneutik als Hermeneutik einer Wissenschaft, die über das Erkennen eines Zusammenhanges hinaus diesem Anregungen für die Praxis geben will.

II Der Gegenstand pädagogischer Theorie

1. Zum Begriff des Gegenstandes

Wenn vom Gegenstand pädagogischer Theorie oder vom Gegenstand wissenschaftlicher Theorie schlechthin die Rede ist, dann sind damit meist zwei – allerdings zusammengehörige – Momente gemeint. Einmal ist der Bereich gemeint, den die wissenschaftlichen Bemühungen zum Objekt haben, also die Biologie etwa die Formen des Lebendigen, die Pädagogik eben als „Zentralphänomen"[1] die Erziehung. W. Brezinka gibt diesem Objekt der Pädagogik gleich noch eine Apposition im Sinne seiner empirisch-analytischen Konzeption der Erziehungswissenschaft: „Erziehung als Tatsache findet sich in der Gegenwart wie in der Vergangenheit jeder Gesellschaft."[2] Die Frage ist da nur, darauf wies W. Flitner schon hin[3], was denn eine pädagogische Tatsache oder eine Tatsache schlechthin ist. Und diese Frage kann vom Empiriker nicht mehr beantwortet werden, muß vielmehr immer schon als beantwortet vorausgesetzt werden.

Das andere begriffliche Moment am Gegenstand pädagogischer Theorie ist dann das, was von dem untersuchten Gegenstand als Inhalt pädagogischer Theorie aufgenommen wird oder anders ausgedrückt: welche Sätze über das in Frage stehende Objekt sind als wissenschaftliche zugelassen. Für die empirisch-analytische Konzeption ist diese Frage sehr leicht beantwortet: als wissenschaftlich sind nur solche Sätze zugelassen, die logisch einwandfrei und empirisch überprüfbar sind. Ausgeschlossen ist damit der für die kritisch-normative Konzeption der Pädagogik etwa M. Heitgers zentrale pädagogische Gegenstandsbereich der „Normativität möglicher Normen"[4], ausgeschlossen ist damit auch der im Sinne geisteswissenschaftlicher Pädagogik zentrale Gegenstandsbereich des historischen Gewordenseins und der Wandelbarkeit pädagogischer Phänomene.[5] Indessen sind diese wenngleich wichtigen Fragen doch für die nun anstehende Untersuchung nachgeordneter Natur, denn wie der Gegenstand der pädagogischen Theorie gefaßt wird und was als Inhalt theoretischer Sätze zugelassen wird, das ist in jedem Fall letztlich das Ergebnis hermeneutischer Operationen. Der Gegenstand pädagogischer Theorie ist – in der doppelten Hinsicht beider Momente – ein hermeneutisches Konstrukt. Darum ist die Hermeneutik als Grundlage jeder pädagogischen Theoriebildung zu thematisieren, damit nicht – wie J.

Habermas formulierte – auch in der pädagogischen Forschung „das falsche Bewußtsein einer richtigen Praxis auf diese zurückwirkt.“[6]

2. Problem, Vorverständnis, Hypothese

Nach K. Popper, dessen „Theoretizismus“ und „Kritischen Rationalismus“[7] W. Brezinka ja für die erziehungswissenschaftliche Forschung fruchtbar macht, beginnt wissenschaftliche Forschung und Erkenntnis stets mit einem „Problem“. „Die Erkenntnis beginnt nicht mit Wahrnehmungen oder Beobachtungen oder der Sammlung von Daten oder von Tatsachen, sondern sie beginnt mit Problemen.“[8] Diese entstehen „aus der Spannung zwischen Wissen und Nichtwissen.“[9] Soll dem Forscher etwas als Problem aufstoßen, so muß er über den Gegenstandsbereich immer schon etwas wissen. Dieses Wissen über einen Gegenstandsbereich ist auch nach Auffassung des Kritischen Rationalismus letztlich im „vorwissenschaftlichen“ Immer-schon-Wissen-um des Lebens fundiert.[10] Wissenschaftlich wird das Wissen nach Auffassung des Kritischen Rationalismus in dem Moment, wo es sich auf logisch einwandfreie und empirisch überprüfbare Aussagen beschränkt. Mit Recht hat O. F. Bollnow dieses Vorwissen empirischer Forschung mit dem Vorverständnis der Hermeneutik in Verbindung gebracht. „Eine . . . der empirischen Forschung vorausgehende Klärung des Fragehorizontes wird von den Vertretern der geisteswissenschaftlichen Richtung auch als Klärung des Vorverständnisses bezeichnet. Zum Vorverständnis würde alles gehören, was bei Brezinka als Vorurteil, Meinung, vorwissenschaftliche pädagogische Meinung und ähnlich bezeichnet wurde. Es würde vom alltäglichen Sprachgebrauch einschließlich des Sprichwortsatzes über die Erziehungsgewohnheiten und vorhandenen Erziehungseinrichtungen bis zu den schriftlich niedergelegten Erziehungslehren hinüberführen.“[11]

In der empirischen Forschung konkretisiert sich das Vorverständnis als Vorwissen über einen Gegenstand und als Problem an diesem Gegenstand zum Lösungsversuch qua Hypothese. Diese Hypothese darf jedoch nicht mit dem Vorverständnis der Hermeneutik gleichgesetzt werden, wie dies etwa W. Klafki tut.[12] Diese Gleichsetzung wird auch von O. F. Bollnow ausdrücklich abgelehnt.[13] Bei der Hypothesenbildung des Empirikers handelt es sich nämlich um eine Operation, die ausschließlich zur Prüfung des Lösungsversuches, eben in der empirischen Methode, durchgeführt wird. Aus der Fülle der im Vorverständnis gegenwärtigen Bezüge des Gegenstandes wählt der Empiriker für die Hypothese einschränkend das aus, was am Ende durch „kontrollierte Beobachtung physischen Verhaltens"[14] geprüft werden kann. Das Vorverständnis mißt sich also in der Empirie letztlich nicht mehr am Gegenstand, sondern an der Methode, der der Gegenstand unterworfen werden soll. Wenn W. Brezinka meint, daß es darauf ankommt, „daß wir mehr oder weniger gut begründete Annahmen machen und diese dann gründlich zu prüfen versuchen"[15], dann meint „prüfen" eben logische und empirische Prüfung, „gut begründet" empirisch triftig, und damit ist das, was als Hypothese zugelassen wird, bereits weitgehend präjudiziert. Hermeneutische und empirische Theoriebildung trennen sich also spätestens nach der Einsicht, daß beide auf einem Vorverständnis basieren.

3. Tatsachen als hermeneutisches Konstrukt

Dem Vorverständnis jedes Erkennens kommt in der Sicht und dem Selbstverständnis der Hermeneutik eine ganz andere Bedeutung als im empirischen Verfahren zu. Wenn der Empiriker davon ausgeht, daß man immer schon ein Vor-Wissen von einer Sache hat, daß man dieses für eine gezielte Fragestellung fruchtbar machen muß und daß diese Fragestellung in einer Hypothese, die empirisch überprüfbar ist, kulminieren muß, dann hat er dabei immer schon eine Voraussetzung gemacht, nämlich daß etwas eine „Tatsache", etwas unabhängig vom Forscher und der sozialen Gruppe, der er angehört, wirklich so und nicht anders existierendes ist. Es gibt da etwas, das sich dem Forscher zwar noch nicht ganz erschlossen hat, das sich ihm aber, wenn er nur lang genug und intensiv genug forscht, erschließen wird. Dieses Etwas, genannt „Tatsache", wird durch „Beschreibung" (was bedeutet: durch Sätze über etwas Vorausgesetztes) so aufgearbeitet, daß es den Forschungsprozeß durchlaufen kann.[16] Nun hat schon W. Flitner festgestellt: „Der empirischen Tatsachenforschung müssen Untersuchungen vorausgehen, in denen sich der Begriff der pädagogischen Tatsache erst ergibt."[17] Und dies hat er ausdrücklich als Aufgabe der Hermeneutik hingestellt.

Für die Hermeneutik ist das Vorverständnis nämlich durchaus nicht nur „vorwissenschaftliches" Wissen über einen bestimmten Gegenstandsbereich, der selber wiederum völlig unabhängig von „austauschbaren" (darum ja „intersubjektiv") forscherischen Subjekten bestünde, sondern für die Hermeneutik antwortet das Vorverständnis, wenn es im hermeneutischen Erkenntnisakt thematisiert wird, stets auch auf die Frage, wie viel das erkennende Subjekt als Einzelwesen, als Mitglied einer sozialen Gruppe und als Mensch zur Konstitution der sogenannten Tatsache beigetragen hat. Durch welche Akte des erkennenden Subjektes werden bestimmte Merkmale, Strukturen, Vorgänge zur „Tatsache"? Ein recht triviales Beispiel zunächst: Wenn einem Astrophysiker die Oberflächentemperatur des Merkur von 375° Celsius eine Tatsache ist, dann sagt das mindestens ebensoviel über den aus, dem das eine Tatsache ist, wie über die Sache selbst, mögen die 375° Celsius auch unabhängig vom Forscher noch so heiß sein. Nämlich nur für ganz wenige Menschen, Angehörige einer technischen Zivilisation mit einer bestimmten Ausbildung, werden die Temperaturen des Merkur zur Tatsache. Für viele Menschen ist der Merkur nicht einmal existent, und für wieder andere ist er nur in ganz anderen Zusammenhängen existent. In jedem Fall verweist eine auf den Merkur bezogene Tatsache auch auf den Menschen, dem diese Tatsache Tatsache ist. Wie schnell sich „Tatsachen" wandeln, hat G. Allport in seinen berühmten Experimenten zur Vorurteilsforschung nachgewiesen. Einem Polizisten wurde ein Bild gezeigt, auf dem ein Polizist hinterrücks einen Neger ermordet: Tatsache, intersubjektiv, durch Anschauen des Bildes, nachweisbar. Dieser Polizist mußte einem zweiten das Gesehene wiedergeben, dieser einem dritten, dieser einem vierten usw. Schon nach dem zwölften Bericht war der Neger der Mörder und der Polizist das Opfer. Schon Shakespeare sagt im „Sommernachtstraum": „Du siehst es so, wie Du's verstehst." Tatsachenfeststellung kann ein mühseliges Geschäft sein, selbst dann, wenn alle Beteiligten guten Willens sind.

Wenn in der pädagogischen Theoriebildung ein Sozialpädagoge sagt: „Jährlich zwölftausend Schulabbrecher sind eine erschreckende Tatsache", dann ist daran nicht nur interessant, warum vor hundert oder auch vor dreißig oder vor zwanzig Jahren nicht ein vergleichbares Geschehen als Tatsache thematisiert wurde, sondern auch, warum wir gerade heute für das Problem der mangelhaften Schulbildung so sensibilisiert sind. Und überhaupt sagt das, was eine Gesellschaft als Tatsache gelten läßt, sehr viel über sie aus. Tatsachen sind also wohl nicht nur etwas in seiner unabhängigen Gegebenheit ausdrücklich Anerkanntes, sondern auch etwas erst in dieser Anerkennung vom Anerkennenden Konstituiertes. Die Hermeneutik deckt diese Zusammenhänge ausdrücklich auf, sie zeigt im Verstehen auf, daß Verstehen eben auch eine Leistung des Verstehenden ist. Diese Feststellung kann gar nicht wichtig genug genommen werden. Wenn der Erziehungswissenschaftler seinen pädagogischen

Gegenstand so ansieht, daß er zu ihm als einer letztlich unabhängigen Tatsache einen technischen Zugang findet, dann begegnet er auch solchen Tatsachen. Die Frage ist nur, ob ein solcher Zugang dem Gegenstand pädagogischer Theoriebildung angemessen ist. Wenn „Erziehung als Tatsache" dann wesentlich als soziale Interaktion definiert wird: „Unter Erziehung werden Handlungen verstanden, durch die Menschen versuchen, das Gefüge der psychischen Dispositionen anderer Menschen in irgendeiner Hinsicht dauerhaft zu verbessern oder seine als wertvoll beurteilten Komponenten zu erhalten oder die Entstehung von Dispositionen, die als schlecht bewertet werden, zu verhüten"[18], dann wird dieser Erziehungswissenschaftler stets von Erziehung sprechen können, wo irgendein Erzieher seinen Edukanden zu ihm gefälligen Einstellungen und dem entsprechenden Verhalten führen konnte. Ob der Edukand jedoch die in ihm entwickelten psychischen Dispositionen als angemessene akzeptiert, ob auch der Edukand einmal über bestimmte soziale Interaktion wird sagen können: „das war meine Erziehung", diese Frage stellt sich bei einem derartigen Zugang zum Gegenstand pädagogischer Theoriebildung überhaupt nicht. Erziehung erschließt sich dem Empiriker als soziale Interaktion, aber stets nur vom Erzieher aus. Und wenn ein Edukand nach einem Erlebnis, das ein Leben ändern kann, wie O. F. Bollnow so verständlich in der Analyse des Erweckungs- oder Begegnungsbegriffes schilderte[19], sagt: „das war meine Erziehung" und wenn eigenartigerweise sehr viele Menschen verstehen, was er meint, und damit ihr Wissen über unsere Welt vergrößern, dann gehört das für den Empiriker in den Bereich der vor- und außerwissenschaftlichen Erkenntnis, das meint: der unsauberen, nicht operationalisierten Begriffe, die sich einer „intersubjektiven Überprüfung" nicht öffnen.

So bedarf schon die Frage, was eigentlich als Tatsache Gegenstand pädagogischer Theoriebildung sei, der pädagogischen Hermeneutik, damit nicht unversehens der Zugang des Wissenschaftlers zum Untersuchungsobjekt zur normierenden Setzung desselben wird. In der Hermeneutik wird sich der Forscher im Austausch von Argumenten mit anderen Forschern darüber klar, in welchem Zusammenhang er und das zu untersuchende Objekt stehen. Daß dieser Austausch von Argumenten zwecks Gewinnung eines Sinnzusammenhanges nicht unbedingt faktisch geschehen muß, darauf sei noch einmal hingewiesen.[20] In der Hermeneutik wird dem Forscher bewußt, „daß der von Subjekten veranstaltete Forschungsprozeß dem objektiven Zusammenhang, der erkannt werden soll, durch die Akte des Erkennens hindurch selber zugehört."[21] Das Untersuchungsobjekt, die Untersuchungsmethoden und das erkennende Subjekt werden dadurch aus ihrer je eigenen Zufälligkeit herausgehoben in die Notwendigkeit eines gemeinsamen Sinnzusammenhanges. Vieles, was sich dem Erkennenden zunächst als Tatsache darstellt, wird sich dann sukzessive als vom Forscher und seinen Objekten gestaltete und praktisch gestaltbare Wirklichkeit entdecken. In der pädagogischen Theoriebildung und Hermeneutik ist dieser Vorgang oft durch Einbeziehung der von den Forschungsaktivitäten betroffenen Lehrer, Schüler, Eltern, Institutionen usw. in den Dialog zu intensivieren. Der Zugang des Forschers zum Gegenstand seiner Theoriebildung, in der Empirie ganz durch die Methode vorstrukturiert, wird dann im, nunmehr sogar konkreten, hermeneutischen Zirkel auch zum Zugang des Untersuchungsobjektes zum erkennenden Subjekt, es ergeben sich Einsichten, die zwar an beteiligte forscherische Subjekte gebunden sind, aber dennoch nicht rein subjektiv sind, weil sie ja die Bedeutung des Subjektes für das Geschehen aufweisen und etwas thematisieren, das über die je einzelnen Individuen hinausgreift.

4. Hypothese, Operationalisierung, Basissatz

In der pädagogischen Theorie sind nach der Konzeption der empirisch-analytischen Erziehungswissenschaft nur solche Sätze zugelassen, die empirisch überprüfbar sind. Die Gewährleistung dafür haben die Hypothese und die Basissätze zu übernehmen. Die Hypothese als vorläufiger Lösungsversuch eines Problems muß so formuliert sein, daß sie an der Wirklichkeit scheitern kann. Sofern eine Hypothese noch zu „offen" ist, also ihre Kernaussagen nicht in direkte Beziehung gebracht werden können mit eindeutigen, feststellbaren Vorgängen auf der Ebene der Tatsachen, muß sie durch Operationalisierung so umgestaltet werden, daß jedem ihrer auf die Empirie bezogenen Begriffe eine beobachtbare Erscheinung entspricht. Die unterste Stufe solcher Umgestaltungen bilden die Basissätze, jene Sätze, in denen die Hypothese unmittelbar mit dem Gegenstand der Untersuchung konfrontiert wird. Geht es in einem didaktischen Prozeß um die Redeanteile von Schülern gegenüber dem Lehrer bei Verwendung unterschiedlicher Medien zur Vermittlung gleichen Stoffes, so wären die Basissätze auf der Ebene: die Redezeit des Lehrers macht bei diesen oder jenen Medien soviel Minuten der Unterrichtsstunde, die der Schüler soviel aus. Dabei wäre natürlich schon eine Reihe von Rebus-sic-stantibus-Voraussetzungen zu machen, das soll aber hier mal unberücksichtigt bleiben. Mit der Stoppuhr in der Hand kann man diesen Satz an der Wirklichkeit messen.

Was da so vereinfacht beschrieben wurde und was in graphischen Darstellungen oft als eindimensionale Richtungspfeile dargestellt wird, das entpuppt sich in hermeneutischer Durchleuchtung als ein sehr kompliziertes, auf jeder Stufe mit der Dimension der Lebenswelt aller Beteiligten rückgekoppeltes Verfahren. Schon die Definition eines Begriffes – nach klassischer Auffassung durch Benennung von genus proximum und differentia specifica –, sei sie nun als nominale oder reale gedacht, ist auf das allgemeine Verständnis im Lebenshorizont der Forscher verwiesen, weist also über sich hinaus. Nur weil sich alle Beteiligten immer schon in der ihnen gemeinsamen Lebenswelt zurechtgefunden haben, ist ihnen die Ab-grenzung des bestimmten Phänomens möglich. Ein Begriff kann nie aus sich selbst heraus definiert werden, sondern die Definition kommt letztlich durch den Konsensus der Forschergemeinschaft zustande; dieser Konsensus aber beruht auf dem Austausch, sei er faktisch oder nicht, von Argumenten, die akzeptiert oder mit Gegenargumenten zurückgewiesen werden können, weil man sich immer schon im Leben verständigt hat.

Gleiches gilt auf jeder Stufe der Operationalisierung. Immer wieder muß aus der Fülle der Möglichkeiten eines Begriffs das herausgearbeitet werden, was unter dem Gesichtspunkt der Konfrontation der Hypothese mit der Wirklichkeit am besten weiterzuführen scheint. Aber gerade in diesem Herausdifferenzieren ist man auf größere Sinneszusammenhänge bis hin zu dem des alltäglichen Lebens verwiesen. Es ist – wird es bewußt vollzogen und nicht naiv objektivistisch angelegt – ein mühsames Geschäft, von der Hypothese zu einem ihr adäquaten Basissatz zu gelangen. Ein Empiriker äußerte einmal in Anlehnung an das Gleichnis eines logischen Positivisten: „Es ist als reinige man Geschirr – mit unsauberem Spülwasser, verschmutzten Geschirrtüchern und schmutzigen Händen; und am Ende hat man doch eine saubere Tasse", was doch wohl meint, daß man in der empirischen Methode eine Theorie zu gewinnen suche, die trotz allen Belastungen des Gegenstandes mit Meinungen, Sinn und trotz der Ungenauigkeit unserer Sprache und unserer Ausdrücke, trotz dem Über-sich-Hinausgehen aller Beteiligten letztlich das Untersuchungsobjekt rein empirisch widerspiegele.

Die Hermeneutik wird in diesem Fall darauf achten, daß die von der Methode geforderten Einschränkungen, Ausblendungen, Analysen nicht zu einer Verfälschung des Gegenstandes geraten. Sie wird bei jedem Schritt nach Alternativen fragen, nach dem, was der Gegenstand noch mehr ist als Korrespondent empirisch triftiger Sätze, wird auf das stetige Darüberhinaus, das im Begriff von einer Sache liegt, hinweisen. Vielleicht sind es sogar gerade jene Momente, die in der Operationalisierung ausgeschieden wurden, die dem Gegenstand adäquat sind. Sie wird oft auch darauf beharren müssen, daß sich Gegenstände operationaler Definition und Analyse verschließen. Hermeneutik schreitet dann zur Öffnung des Gegenstandes durch Sinn fort, d. h. durch den Aufweis von Zusammenhängen, die nicht unmittelbar empirisch, aber dennoch einsehbar sind, was durch den Konsensus der Mitverständigen bestätigt wird.

Sind Basissätze endlich ausformuliert, so beginnt auch nach Auffassung des Kritischen Rationalisten K. Popper erst recht das Problem. Gerade der Basissatz als unmittelbar auf Wahrnehmbares bezogener weist über sich hinaus auf die Wirklichkeit von Ereignissen und Begebenheiten, auf die Gemeinschaft der Forscher und letztlich den Lebenszusammenhang, die eben die gemeinsame Welt von Forscher und Untersuchungsobjekt ausmachen. „Wir können keinen wissenschaftlichen Satz aussprechen, der nicht über das, was wir ‚auf Grund unmittelbarer Erlebnisse‘ sicher wissen können, weit hinausgeht (. . .); jede Darstellung verwendet allgemeine Zeichen, Universalien, jeder Satz hat den Charakter einer Theorie, einer Hypothese. Der Satz: ‚Hier steht ein Glas Wasser‘ kann durch keine Erlebnisse verifiziert werden, weil die auftretenden Universalien nicht bestimmten Erlebnissen zugeordnet werden können (. . .). Mit dem Wort ‚Glas‘ z. B. bezeichnen wir physikalische Körper von bestimmten gesetzmäßigen Verhalten, und das gleiche gilt von dem Wort ‚Wasser‘.“[22] Selbst so ein trivialer Satz wie „hier steht ein Glas Wasser“ weist also immer schon über sich hinaus auf einen bestimmten Lebenszusammenhang, in dem „Glas“ und „Wasser“ immer schon verstanden sind. Popper weist nach, daß Basissätze nicht aus sich selbst heraus gelten können, sondern erst durch die Annahme der Forschergemeinschaft, durch „Beschlußfassung“ zu ihrer Funktion kommen.[23] Forscher, die im Horizont ihrer gemeinsamen Tätigkeit und Lebenswelt operieren, verständigen sich auf dieser Basis über bestimmte Sätze, lassen sie gelten oder verwerfen sie.

J. Habermas hat in seiner Auseinandersetzung mit K. Popper und H. Albert nachgewiesen, wieviel an unthematisierter und damit fehlgeleiteter Hermeneutik in diesem Verfahren steckt, das sich zwar über den Gegenstand einigt, sich selbst aber und die forscherischen Subjekte gleichsam auf den blinden Fleck der Netzhaut des Auges setzt. Nur im Rahmen eines Immer-schon-verständigt-Seins ist es den Forschern möglich, sich in der Beschlußfassung zu einigen. Poppers Auseinandersetzung mit dem Basisproblem ist ihm „ein Indiz für die Einbettung des Forschungsprozesses in einem Zusammenhang, der selbst nicht mehr analytisch-empirisch, sondern nur noch hermeneutisch expliziert werden kann. Die Postulate strikten Erkennens verschweigen freilich das nichtexplizierte Vorverständnis, das sie doch voraussetzen; darin rächt sich die Ablösung der Methodologie vom realen Forschungsprozeß und dessen gesellschaftlichen Funktionen. Forschung ist eine Institution zusammen handelnder und miteinander sprechender Menschen; als solche bestimmt sie durch die Kommunikation der Forscher hindurch das, was theoretisch Geltung beanspruchen kann.“[24]

Die Hermeneutik wird in diesem Fall den Zusammenhang thematisieren, in dem Untersuchungsobjekt, Forschungsmethode, Forscher und die Lebensgemeinschaft der Menschen immer schon stehen. Und wenn schon durch den Forschungsprozeß das forscherische Subjekt und der Horizont seines Lebens einen so enormen Anteil am Geschehen haben, dann ist ja auch die Frage nach dem Sinn der betreffenden Forschung und nach ihrem Stellenwert im Selbstverständnis, in der Tradition und in dem Selbstentwurf der Lebensgemeinschaft angebracht, ja sogar nicht auszuschließen. Was will diese Lebensgemeinschaft, wie entwirft sie sich auf die Zukunft hin, wie wirkt das konkrete Forschungsvorhaben auf diesen Entwurf ein, wie verhält es sich zur Tradition? Natürlich wird jetzt gleich mit dem Argument geantwortet: ja, wo soll denn das enden? Das macht ja handlungsunfähig. Nun, enden soll es nirgendwo – eine Lebensgemeinschaft, eine Gesellschaft mit den historischen Möglichkeiten wie die unsrige, muß stets in der Lage sein, gerade auch in ihren Forschern über sich selbst und über ihren Entwurf zu argumentieren. Sie darf ihre Forschung und damit sich selbst nicht der blinden Zufälligkeit des technisch Erreichbaren anheimgeben. Auch K. Popper hat dies ja in seinem Entwurf einer „offenen Gesellschaft“ gefordert.[25] Ob das handlungsunfähig macht, hängt davon ab, welchen Handlungsbegriff man hat. Das Herumwerken, das Aufbauen großer Apparaturen wird sich im einen oder anderen Fall vielleicht erübrigen, so wie sich etwa der von einigen Firmen noch vor wenigen Jahren so groß proklamierte computerunterstützte Unterricht ganz schnell im Nichts verlaufen hat, aber der

Eingriff in soziale Wirklichkeit, das Mitgestalten pädagogischer Erscheinungsformen und damit unserer Lebenswelt wird dadurch nur intensiviert werden, denn im Unterschied zu anderen Konzeptionen findet die Hermeneutik ihren Zugang zur Praxis nicht nur über eine – im weitesten Sinne – Technologie, sondern versteht sich eben wesensmäßig als Element dieser Praxis.

5. Die Universalität pädagogischer Hermeneutik

Bisher wurde in dieser Untersuchung verfolgt, wie die Hermeneutik im empirischen Zugang zum Gegenstand pädagogischer Theoriebildung, dadurch daß sie thematisch wird, gleichsam eine Korrektivfunktion zugunsten des Gegenstandes gegenüber den Erfordernissen der Methode übernehmen kann. Es wurde aufgezeigt, was auf verschiedenen Stufen des Forschungsprozesses am empirischen Verfahren jeweils in der Hermeneutik fundiert ist und wie vom Empiriker zwar auch hermeneutisch verfahren wird, jedoch so, daß das, was da konkret geschieht, als nicht zur empirischen Methode gehörig ausgeblendet wird. Es wurde klargestellt, daß diese Ausblendung, d. h. Nicht-Thematisierung, zum Schaden für das Forschungsobjekt und damit für die Erkenntnis führen könnte. Bei diesen Untersuchungen war immer ungesagt konzediert worden, daß es pädagogische Gegenstände gibt, für die der empirische Zugang ebenso gut – vielleicht besser – geeignet ist wie der hermeneutische.

Nun macht W. Brezinka in der ersten programmatischen Vorstellung seiner wissenschaftstheoretischen Konzeption „Von der Pädagogik zur Erziehungswissenschaft" eine aufschlußreiche Bemerkung, die er dann in der überarbeiteten Fassung dieses Werkes „Metatheorie der Erziehung" tunlichst ausgelassen hat. Brezinka gibt da zu, daß der empirische Zugang zum Gegenstand pädagogischer Theorie bisher nur mangelhafte Ergebnisse gezeitigt habe, daß aber das wenngleich unerreichbare Ziel eine „absolut vollständige (empirische) Erziehungswissenschaft" bleibe, und fährt fort: „Eine solche absolut vollständige Wissenschaft von den Bedingungen für die Beeinflussung individuellen menschlichen Erlebens und Verhaltens wäre auch mit unseren Wertvorstellungen von der Würde und den Freiheitsrechten der Person unverträglich. Tatsächlich werden wir aber über ein prinzipiell (sic!) unvollständiges System statistischer Gesetzteshypothesen nie hinauskommen."[26] Hier konzediert Brezinka, daß der empirische Zugang zum Gegenstand pädagogischer Theorie aus zwei Gründen nicht immer ganz angemessen ist.

Der erste Grund liegt in der „Würde" des Menschen als Gegenstand pädagogischer Theorie. Der Mensch und die mit ihm unmittelbar in Beziehung stehende Welt werden ja im empirischen Verfahren als Forschungsobjekt genau so angesehen wie irgendein anderes Objekt wissenschaftlicher Untersuchung. Ob Fliegenbeine gezählt weden oder die Minuten, die der Lehrer spricht – es gibt da keinen Unterschied. So wurde ja auch die Lerntheorie der operanten Konditionierung von Skinner in Experimenten mit Ratten erarbeitet. Nur können Ratten im Unterschied zu Menschen, vor allem erwachsenen Menschen mit eigener Lernvergangenheit, dem Instruktor nicht sagen: „Nun erspare mir endlich Deine Spielereien. Ich weiß selbst, was für mich richtig ist", was bedeutet, daß der Erzieher es mit einem Wesen zu tun hat, das mit ihm in kommunikativer Interaktion steht, und daß eine angemessene Theorie dem Rechnung tragen muß.

Die pädagogische Theorie hat nicht einen Gegenstand, in dem quasi Atome nach bestimmten Gesetzen auf von außen gegebene Stimuli reagieren. Die „Tatsache" Erziehung spielt sich zwischen Beteiligten einer Kommunikationsgemeinschaft ab, die jeweils ihre vom anderen anerkannte Eigenexistenz haben und gerade in dieser Eigenexistenz über sich hinaus auf das übergeordnete Ganze der Lebenswelt verweisen. Erziehung ist somit stets unherauslösbar verbunden mit der Gesellschaft, der Lebenswelt, der sie angehört. Aber diese Lebenswelt ist eben mehr als das, was sich in den Rastern empirischer Daten einfangen läßt. Sie ist in ihren Gewohnheiten, Institutionen und Traditionen auch das, was sie einmal war; sie ist in ihren Ideologien, Diskussionen und Plänen auch das, das sie sein möchte und nicht sein möchte; sie ist auch ihre Normen und Tabus, ihre Befürchtungen, Hoffnungen, Frustrationen, Hochmut und Demut, alles das, was von einem empirischen Verfahren als subjektive Faktoren ausgeschieden wird. Sie ist nach J. Habermas auch die Gespräche, die sie nicht geführt hat, aber geführt haben könnte.[27] Wenn der Empiriker mit dem Positivisten wissenschaftlich schweigen muß – „Wir fühlen, daß selbst, wenn alle möglichen wissenschaftlichen Fragen beantwortet sind, unsere Lebensprobleme noch gar nicht berührt sind. Freilich bleibt dann keine Frage mehr; und eben dies ist die Antwort . . . Worüber man nicht sprechen kann, darüber muß man schweigen"[28] –, dann, und gerade dann, beginnt für die Hermeneutik „das Gespräch, das wir sind."[29] J. Habermas hat vom Standpunkt seiner Kritischen Theorie aus die Bedeutung der Hermeneutik für eine auf Phänomene der Lebenswelt und damit auch auf das Ganze der Lebenswelt zielende Fragestellung herausgearbeitet. Auch der „bezweifelt, daß die Wissenschaft in Ansehung der von Menschen hervorgebrachten Welt ebenso indifferent verfahren darf, wie es in den exakten Naturwissenschaften mit Erfolg geschieht."[30] Wenn sich die Wissenschaften, die die Lebenswelt des Menschen zum Gegenstand haben, nicht der Angemessenheit ihres Zugangs zum Untersuchungsobjekt vergewissern, dann geraten sie leicht zu einer Verfälschung des Objektes. Sie kommen zwar zu Ergebnissen, verfehlen aber in ihrem analysierenden Verfahren das Eigentliche der untersuchten Phänomene, das darin liegt, daß diese mehr sind, als in ihrer Herauslösung aus dem Ganzen der Lebenswelt zu erfassen wäre. Nur in dem Maße, in dem sich dem Forscher der Sinn der Lebenswelt als Ganzes erschließt, öffnen sich ihm die Zugänge zu den Einzelnen.[31]

Für die Pädagogik fragt K. Mollenhauer, „ob die für die Erziehungswissenschaft relevanten Sachverhalte sich wirklich ohne Not einer . . . erfahrungswissenschaftlichen Konzeption fügen. Oder vorsichtiger: Erschöpfen sich die erziehungswissenschaftlich relevanten Daten in jenem von Brezinka hervorgehobenen Wissenschaftsbegriff?"[32] Und dies ist ja der zweite Grund, warum W. Brezinka unvorsichtige Zweifel an der eigenen Methode äußert. Der Gegenstand pädagogischer Theoriebildung ist so komplex, daß die planen empirischen Verfahrens stets nur einen minimalen Teil des In-Frage-Stehenden erreichen („partielle Erklärung", „Erklärungsskizzen"). „In der Erziehungswissenschaft dürften vollkommene Erklärungen nur selten gelingen, weil wir es hier im allgemeinen mit sehr komplexen Phänomenen zu tun haben. Denken wir an die praktischen Probleme, vor die Eltern, Lehrer, Erziehungsberater oder Psychotherapeuten gestellt werden. Warum ist ein bestimmtes Kind unfähig zum Kontakt mit Gleichaltrigen? Warum verweigert ein anderes die Mitarbeit im Unterricht? Warum begreift ein Schüler die Mengenlehre nicht? Warum reagiert der eine auf den partnerschaftlichen Erziehungsstil mit gesteigerter Selbstkontrolle, ein anderer mit Enthemmung? Warum hat die Spieltherapie in einem Fall Erfolg, im anderen nicht? Allgemeiner formuliert: warum treten bei den Adressaten erzieherischer Handlungen diese oder jene (am Erziehungsziel gemessenen) erwünschten oder unerwünschten Persönlichkeitsmerkmale (Verhaltensweise bzw. Dispositionen) auf? Oder richten wir unsere Aufmerksamkeit von den Mikroproblemen der Beziehungen zwischen dem Verhalten der Erzieher und der Persönlichkeitsstruktur des zu-Erziehenden auf die Makroprobleme der Erziehungseinrichtungen ... Was hier erklärt werden soll, sind jeweils sehr komplexe historische Sachverhalte. Man könnte sogar einwenden, daß sie zu komplex sind, um überhaupt befriedigend erklärt werden zu können."[33]

Einige Seiten weiter nennt W. Brezinka – ohne sich im geringsten der Diskrepanz zum vorausgegangen Problemkatalog bewußt zu sein – als Beispiel für eine empirische Theorie in den Sozialwissenschaften den „Satz" von Berelson und Steiner: „Im großen und ganzen beeinflußt die durchgängige gefühlsmäßige Tönung des elterlichen Erziehungsverhaltens (und besonders die gefühlsmäßige Tönung hinsichtlich der Dimension Liebe-Abweisung) die Entwicklung der Kinder mehr als irgendeine spezielle Technik der Kindererziehung (Gewährenlassen, Einschränkung, Bestrafung, Belohnung) oder der Zusammenhalt der elterlichen Ehe."[34] Von seiten der geisteswissenschaftlichen Konzeption der Pädagogik wird mit Recht unter Hinweis auf den „pädagogischen Bezug" H. Nohls darauf aufmerksam gemacht, daß man das schon immer wußte; und wenn W. Brezinka anführt, daß diese Theorie „gegenüber dem naiven Glauben an die Wirksamkeit irgendwelcher ‚Erziehungsmittel' unabhängig von den emotionalen Aspekten der Erziehungssituation"[35] ein Erkenntnisfortschritt sei, dann muß ihm geantwortet werden, daß gerade dieser naive Glaube zu einem großen Teil auf das Konto der von ihm propagierten Erziehungstechnologie geht.

Die Hermeneutik – auch das macht ihre „Unbescheidenheit"[36] und „Universalität"[37] aus – fühlt sich auch da für zuständig, wo die empirisch-analytischen Verfahren wegen der „Komplexität des Gegenstandes" Erkenntnisse für unmöglich oder erst in fernerer Zukunft für erreichbar halten. Sie weiß sich ja als Bestandteil des Gegenstandes der pädagogischen Theorie, also der pädagogischen Praxis, und wird aus jedem gelungenen Erziehungsakt auch als Wissenschaft lernen. Sie kommt selten zur Feststellung ihres Gegenstandes, weshalb W. Brezinka ihr in der traditionellen Pädagogik vorwirft, sie habe sich übernommen.[38] Aber die Hermeneutik kommt auch deshalb nicht zu Fest-stellungen, weil der Gegenstand nicht fest-stellbar ist, weil dieser so beschaffen ist, daß man sich ihm immer wieder nur annähern kann, sich gleichsam von ihm einfangen lassen kann. So kommt die Hermeneutik zu – immer nur vorläufigen – Einsichten, denen – ebenso vorläufig – zugestimmt werden kann. Hermeneutik ist Gespräch, Argumentation, Diskussion über einen Gegenstand, der letztlich auch Gespräch, Argumentation, Diskussion ist. Aber sie ist dann wie ihr Gegenstand nicht nur Gespräch, sondern Gespräch, das auch Handlung war, Handlung ist und wieder Handlung sein kann. Hermeneutisch einen Gegenstand erkennen, heißt also, eines Gegenstandes innewerden, dem der forscherisch Erkennende unausweichlich selber angehört. So verschließt sich ihr im Grunde genommen auch kein Gegenstand. Pädagogische Theorie ist also manchmal auch empirisch-analytische Theorie, stets aber und unübersteigbar ist sie pädagogische Hermeneutik.

III Normen, Werte und ihre Begründung

1. Sind Normierungen und Wertungen wissenschaftliche Theorie?

W. Brezinka kommt das Verdienst zu, im Anschluß von K. Popper und H. Albert den Streit um die Werturteilsfreiheit[1] für die Pädagogik auf den Begriff gebracht zu haben.[2] Es geht in diesem Streit nicht um metatheoretische Wertungen (auch Wertfreiheit ist eine Norm), nicht um Wertungen bei der Verbreitung und Anwendung von wissenschaftlichen Erkenntnissen und auch nicht darum, daß Wertungen Gegenstand empirischer Untersuchungen sein können. Es geht um die Frage, welche Sätze sind in einer pädagogischen Theorie oder allgemeiner: in einem Satzsystem, das den Anspruch auf Wissenschaftlichkeit erhebt, zugelassen. Beispiele: „Die Schulen dürfen keine Lernfabriken, Lehrer keine Pädotechnologen werden." – „Es hieße das Personale mißachten, wollte man den Edukandus unter Ziele und Zwecke zwingen, die er nicht vor den Richterstuhl seiner ‚Urteilskraft' bringen könnte." Sind diese Sätze wissenschaftlich oder nicht? W. Brezinka hat die Frage für seine empirisch-analytische Konzeption ganz entschieden beantwortet: Es sind nur solche Sätze zugelassen, die empirisch überprüft werden können; Normierungen und Wertungen sind nicht empirisch überprüfbar, also sind sie „für die Wissenschaft als Satzsystem" nicht zugelassen, und wenn sie doch auftauchen, sind sie – das ist die „Mindestforderung" – als „erfahrungswissenschaftlich unbegründbar", das aber meint nach seiner Sprachregelung: nichtwissenschaftliche Aussagen zu kennzeichnen.[3] „Den Ausgangspunkt dafür, die Norm der Werturteilsfreiheit aufzustellen, bildet eine Entscheidung über den Zweck der empirischen Wissenschaften: sie sollen uns zu Erkenntnissen über die Welt (die Wirklichkeit, die Realität, das Seiende) verhelfen. Als Erkenntnisse gelten in den empirischen Wissenschaften Aussagen, die durch Sätze über Beobachtungsergebnisse (oder über Tatsachen) begründet (oder bestätigt) sind. Werturteile und normative Sätze können nicht rein empirisch begründet werden. Sie beruhen letztenendes auf Entscheidungen. Schon um der Klarheit des Denkens willen ist es erforderlich, sie nicht mit beschreibenden Sätzen (oder Aussagen) zu verwechseln, sondern sie in ihrer Eigenart zu erkennen und die Methode, ihre Gültigkeit nachzuweisen, von der Methode, durch die realwissenschaftliche Aussagen begründet werden, zu unterscheiden. Das theoretische Motiv für die Forderung nach Werturteilsfreiheit bildet also die Einsicht in die Unterschiede zwischen Erkenntnis und Entscheidung, Beschreibung und Wertung, Sein und Sollen, Tatsachenaussagen, Werturteilen und Normen."[4]

Das ist also wieder einmal empirisch-analytisch konsequent. Zunächst wird als „wissenschaftlich" der empirische Zugang zum Gegenstand pädagogischer Theoriebildung gesetzt, sodann wird festgestellt, daß Normen und Werte letztenendes „auf Entscheidungen beruhen" und empirisch nicht begründbar sind, und damit sind entsprechende Aussagen unwissenschaftlich und werden von Brezinka in ein nichtwissenschaftliches pädagogisches Satzsystem, die „Normative Philosophie der Erziehung", abgeschoben.[5] Daß der Gegenstand pädagogischer Theoriebildung vielleicht so strukturiert ist, daß man ihm gar nicht anders als a u c h normierend und wertend gerecht werden kann, das ficht W. Brezinka nicht an, hat er doch die Logik, wenngleich nicht die des Gegenstandes, so doch die der Methode auf seiner Seite.

Alle anderen wissenschaftstheoretischen Konzeptionen von der Pädagogik machen denn auch Normen und Werte als wichtigen Bestandteil pädagogischer Theorie geltend. Die kritisch-normative Pädagogik etwa M. Heitgers und Cl. Menzes hält die Frage nach den Normen und Prinzipien, die pädagogischem Tun Rechtfertigung verleihen, für den ersten Gegenstand pädagogischer Theorie: „Die Notwendigkeit von Prinzipien in der wissenschaftlichen Pädagogik ist mit dem Sachverhalt der Pädagogik unmittelbar gegeben."[6] Der geisteswissenschaftlichen Pädagogik in ihrem klassischen Problemhorizont etwa W. Flitners und Th. Litts ist schon die Frage nach nur Tatsachen und nur Werten in der pädagogischen Theorie dem Gegenstand Erziehung unangemessen. „Die Ermittlung des Tatsächlichen wie die Wertvergewisserung sind aufeinander bezogen und nur durcheinander gegeben. Beide Aufgaben sind ‚dialektisch' zusammengehörig."[7] Die Kritische Theorie der Erziehung etwa K. Mollenhauers und W. Klafkis sieht im Anschluß an die Kritische Theorie von J. Habermas jegliche Forschung durch die „erkenntnisleitenden Interessen" so strukturiert, daß auch für sie die Frage nach Wertungen oder Wertfreiheit pädagogischer Theorie dem Gegenstand Erziehung unangemessen ist. „Für die Erziehungswissenschaft konstitutiv ist das Prinzip, das besagt, daß Erziehung und Bildung ihren Zweck in der Mündigkeit des Subjekts haben; dem korrespondiert, daß das erkenntnisleitende Interesse der Erziehungswissenschaft das Interesse an Emanzipation ist . . . Sie wendet sich also kritisch gegen all jene Erziehungsverhältnisse, die

die Verdinglichung – die Unterdrückung der Vernunft im Dienst empirischer Heteronomien – weiter betreiben, oder auch gegen solche, die ihr nicht entgegenzuwirken vermögen."[8]

W. Brezinka steht also mit seiner Forderung nach Wertfreiheit pädagogischer Theorie allein und antwortet – was scheren die empirisch-analytische Konzeption schon konkurrierende wissenschaftliche Paradigmata –, die Konzeptionen hätten „einfach den Ausdruck ‚Wissenschaft' so umdefiniert, daß er auch auf Weltanschauungen anwendbar wird."[9] Aber dann merkt er wieder – wie schon bei der Frage der Angemessenheit empirischer Methoden an den Gegenstand Erziehung (vgl. Kap. II) – , daß eine pädagogische Theorie einfach nicht an Normierungen und Wertungen vorbeikommt und behandelt das Verfahren der Normbegründung sehr ausführlich in seiner „Normativen Philosophie der Erziehung". Auch hier kommt ihm das Verdienst zu, die Frage der Begründung von Normen für die Pädagogik auf den Begriff gebracht zu haben. Es geht in dieser Frage nicht um die logische Begründung von Normen, auch nicht um die Begründung durch Normsetzungsverfahren etwa für die Erziehung zuständiger Gremien: es geht vielmehr um die Frage, wie Normen inhaltlich als solche begründet werden können und, wenn sie logisch aus anderen, vielleicht ‚letzten' Normen abgeleitet worden sind, wie diese inhaltlich begründet werden können.[10] W. Brezinka folgt in seiner Argumentation im wesentlichen dem Kritischen Rationalismus.[11] Das ist aber nur eines der vier Modelle der Normbegründung, die in der Gegenwart neben der klassischen Ursprungsphilosophie, für die Normen objektiv immer schon gegeben sind und erkannt werden können, zur Diskussion stehen. Die drei anderen sind die Transzendentalpragmatik von K. O. Apel und J. Habermas, der Konstruktivismus von P. Lorenzen und O. Schwemmer und der Pragmatismus etwa von H. Lübbe und R. Spaemann. Alle vier Modelle aber haben einen großen Anteil an Hermeneutik als Verfahren und Philosophie.

2. Die vier aktuellen Verfahren zur Begründung von Normen

Nach dem von K. Popper formulierten und von H. Albert ausformulierten Begründungsprinzip des Kritischen Rationalismus entstammen die Normen und Werte, obgleich natürlich immer in ihnen sehr viele empirische Erkenntnisse enthalten sind, letztlich dem subjektiven Entscheidungsakt des einzelnen. Sie können im Sinne einer empirischen Begründung auch nicht inhaltlich begründet werden. Man kann sie mit guten Gründen akzeptieren oder mit eben so guten Gründen verwerfen. Normen und Werte können Menschen nicht ‚in Anspruch nehmen', wie das ungerechtfertigterweise Dogmen tun. Sie können immer nur als Hypothese aufgefaßt werden, „als prinzipiell kritisierbare Annahme"[12], die einer geäußert hat und die man nun untersuchen muß, d. h. nach Alternativen abtasten muß. Auch für Normen und Werte gilt das „Fallibilismusprinzip"[13], d. h. die prinzipielle Möglichkeit falsch zu sein. „Wenn es darauf ankommt, ethische Aussagen und Systeme nicht als Dogmen, sondern als Hypothesen zu behandeln, dann muß es grundsätzlich zulässig sein, Alternativen in Erwägung zu ziehen und neue Perspektiven zu entwerfen, aus denen sich andere Lösungen ethischer Probleme ergeben als die bisher üblichen. Auch die von vielen beklagte ‚Anarchie der Werte' angesichts der heute schon miteinander rivalisierenden ethischen Gesichtspunkte und Systeme ist von daher als eine Herausforderung zu betrachten, kritische Vergleiche dieser Vorschläge unter Bezugnahme auf die heute vorliegende Problemsituation vorzunehmen. Für eine kritische Moralphilosophie kann es nicht darauf ankommen, die jeweils herrschende Moral mit einer fragwürdigen Rechtfertigung zu versehen, um sie fester im Bewußtsein der Menschen und in den sozialen Zuständen zu verankern. Ihre Aufgabe besteht vielmehr darin, sie kritisch zu beleuchten, ihre Schwächen herauszuarbeiten und Gesichtspunkte für ihre Verbesserung zu entwickeln."[14] Unsere ganze Lebenswelt mit ihren Faktizitäten, Ideologien, Normen und Werten, mit ihren Hoffnungen und Befürchtungen, ist, soweit die „subjektiven Faktoren" ausgeschieden sind, nur noch eine Hypothese. Nach dem Kritischen Rationalismus leben wir – wie R. Spaemann diese Konzeption richtig auf den Begriff brachte – in einer „hypothetischen Zivilisation".[15] Die Hermeneutik führt hier – etwa in der Auseinandersetzung von J. Habermas mit K. Popper[16] – den Nachweis, daß die Trennung von Tatsachen und Entscheidungen ein höchst kompliziertes, zu oft den Gegenstand verfälschendes Verfahren ist.

Im Gegensatz zu K. Popper und H. Albert geht die Transzendentalpragmatik von K. O. Apel und die daran anschließende „Theorie der kommunikativen Kompetenz" von J. Habermas davon aus, daß Normen intersubjektiv begründbar sind und daß bestimmte Grundnormen aufweisbar mit der Sprachfähigkeit des Menschen gegeben sind. Wenn die Menschen sich auf eine argumentative Auseinandersetzung einlassen, dann haben sie damit immer schon bestimmte Normen inhaltlich akzeptiert, ohne die eine Argumentation überhaupt nicht sinnvoll und möglich wäre. Apel bringt ein Beispiel des Aristoteles, der sagt, daß jemand, indem er gegen den Satz des Widerspruchs in der Logik argumentierte, ihn schon anerkannt habe. Grundnormen sind also die Bedingung der Möglichkeit, daß es so etwas wie argumentative Auseinandersetzung überhaupt gibt. K. O. Apel versucht den Nachweis, „inwiefern durch transzendentalpragmatische Reflexion auf die Bedingungen der Möglichkeit argumentativer Diskurse Sprechakt-Regeln als notwendigerweise zu akzeptierende ethische Normen und darüber hinaus eine ethische Grundnorm als Prinzip der Begründung aller Normen einer Kommunikationsethik ohne ‚naturalistic fallacy' als intersubjektiv verbindlich erwiesen werden können."[17] Das auch von H. Albert immer wieder vorgebrachte Argument, daß sich ja einer jeder Argumentation verschließen könne, sich total verweigern könne, läßt Apel nicht gelten. „Denn wenn die Verweigerung aller Argumente als Argument vorgetragen wird . . ., dann muß sie in einen aktuellen Selbstwiderspruch geraten; wird sie aber überhaupt durch niemanden als Argument geltend gemacht, dann scheint mir nach wie vor Aristoteles recht zu haben, wenn er darauf hinweist, daß man jeden, der überhaupt als Opponent etwas sagt, dessen überführen kann, daß er gewisse, deduktiv nicht weiter zu begründende letzte Voraussetzungen schon akzeptiert haben muß, daß es aber absurd ist, jemandem, der nicht argumentiert, unsere Ansichten begründen zu wollen; da ‚solch ein Mensch von vornherein gleichsam wie eine Pflanze' angesehen werden kann."[18] Die Hermeneutik ist hier insofern intensiv beteiligt, als sie die Relation herstellt zwischen den transzendentalen Bedingungen der Möglichkeit für den Austausch von Argumenten und den wirklichen erfahrungsmäßigen Gegebenheiten eines solchen Austausches. Zwar hat K. O. Apel recht, daß die transzendentale Reflexion auf die Bedingungen der Möglichkeit des Austausches von Argumenten kein Sprachspiel unter anderen ist, gleichwohl sind aber die aufgewiesenen Apriori jeder Kommunikationsgemeinschaft immer nur historisch konkretisiert ermittelbar und abwägbar. Hermeneutisches Geschäft aber ist es genau, zwischen diesen Ebenen im Sinnzusammenhang zu vermitteln.

Wenn die beiden bisher behandelten Verfahren zur Begründung von Normen so taten, als gelte es theoretisch, wenngleich nicht faktisch, alle Normen jederzeit inhaltlich begründen zu können, gehen die Verfahren des Konstruktivismus, der jetzt behandelt werden soll, und des Pragmatismus davon aus, daß nur in Konfliktfällen eine inhaltliche Begründung von Normen akut wird und dementsprechend nur ein auf Konfliktfälle bezogenes Verfahren erarbeitet werden muß; in der überwiegenden Mehrheit der Fälle sind nach diesen Konzeptionen Normen und Werte nicht anstößig, werden vielmehr immer schon akzeptiert. Normbegründungen und dementsprechende Argumentationen treten erst auf, wenn Werte, Normen, Zwecke, Zielsetzungen usw. in Widerspruch geraten. „Nennen wir jede Bevorzugung bei der Befolgung eines Zweckes vor der eines anderen und bei der Ausführung einer Handlung vor der einer anderen eine Wertung, so kann man sagen, daß eine Ethik in dem hier vorgeschlagenen Sinne nur für solche Beurteilungen ein Prinzip aufstellen soll . . ., die das Entstehen von Konfliktsituationen ermöglichen oder verhindern bzw. das Bestehen solcher Situationen sichern oder beseitigen."[19] Eine solche Beschränkung der Normbegründung auf Konfliktfälle hat den Vorzug, nicht jeden Augenblick von Null an eine ethische Argumentation aufbauen zu müssen. „Eben darum sollte man eine Ethik, die die Prinzipien des Argumentierens für oder gegen bestimmte Zwecksetzungen aufstellen will und die nicht jeden allgemeinen Satz schon als ein Argument gelten läßt, die nur dann von (praktischem) Argumentieren zu reden bereit ist, wenn es der Handlungsvorbereitung dient, auf die Aufgabe einigen, Prinzipien der Konfliktbeseitigung durch Rede aufzustellen."[20] P. Lorenzen und O. Schwemmer scheinen dann aber in ihrer Auffassung von Normen und Werten dem Kritischen Rationalismus nahe zu stehen, insofern sie letztlich Normbegründung als Entscheidungsfindung im Konfliktfall verstehen. Das Verfahren der Entscheidungsfindung wollen sie von zwei, ihrer Meinung nach evidenten, also doch wieder vorausgesetzten, „Prinzipien" geleitet sehen. Das erste Prinzip ist das „Prinzip der Transsubjektivität". Es besagt, daß, wenn einer mit einer handlungsrelevanten Norm und einem Wert argumentiert, er dann konsequent sein muß und sie durchgängig gelten lassen muß; sie sind seiner Subjektivität entzogen. Das Prinzip der Transsubjektivität „können wir lesen . . . als die Forderung, keine bloß subjektiven (bloß faktischen) Meinungen oder Zwecksetzungen zu haben."[21] Das zweite Prinzip ist das „Moralprinzip". Es besagt: „Stelle in einer Konfliktsituation die miteinander verträglichen Supernormen zu den Normen fest, die als Gründe für die miteinander unverträglichen Zwecke benutzt werden, und stelle zu diesen Supernormen Subnormen auf, die miteinander verträglich sind."[22] Die Hermeneutik muß in diesem Fall vor allem auf zweierlei hinweisen. Einmal setzt die Feststellung einer Konfliktsituation, in der durch Normbegründung eine Einigung erzielt werden soll, eine hermeneutische Explikation voraus. Oft – und darauf hat J. Habermas mit seiner

Theorie von vielfach auch „systematisch verzerrter Kommunikation"[23] hingewiesen – gibt es im Empirischen gar keinen Konflikt, ist alles – auf den ersten Blick – bestens geregelt, und erst im Eindringen in den Sinnzusammenhang zeigt sich auf einmal die Konfliktträchtigkeit eines Geschehens. Zum anderen können die Prinzipien nur im argumentativen Austausch, in hermeneutischer Arbeit, überhaupt als solche erkannt, anerkannt und wirksam gemacht werden; quasi automatisch greifen sie nicht, sondern nur in einem Horizont, in dem so etwas wie Anerkennung von Prinzipien immer schon geregelt ist.

Das letzte der vier aktuellen Modelle der inhaltlichen Begründung von Normen ist der Pragmatismus vor allem von H. Lübbe und R. Spaemann. Im Unterschied zum Kritischen Rationalismus und zur Erlanger Schule halten sie „Normen, generelle Handlungsvorschriften also, nach Analogie der Begründung von Behauptungen über die Wirklichkeit für begründbar."[24] Gemeinsam mit der Erlanger Schule und gegen die Auffassung der Transzendentalpragmatik geht H. Lübbe aber davon aus, daß wir meistens in unseren Institutionen, Rechtsvorschriften, praktischen Regelungen, Traditionen, Ideologien und Weltansichten die Normen immer schon als begründet annehmen und nur in Konfliktfällen die Frage der inhaltlichen Begründung auftaucht. Der Pragmatismus warnt nun davor, hier gleichsam, vor allem nach dem Modell von K. O. Apel und J. Habermas, die Begründung ex fundamento zu suchen. Dadurch würde jedes Begründungsverfahren nur belastet und vielleicht sogar ein vorhandener Grundkonsensus zerstört; man stoße auf die „Inkompatibilität kognitiver Orientierungssysteme".[25] Es gelte, den Diskurs auf das Naheliegende zu begrenzen. „Im Prinzip ließe sich so lange reden, bis die Lebensumstände aller Beteiligten im Entwurf von Grund auf konfliktfrei neu geregelt und homogen gemacht worden sind . . . Pragmatisch ist es, Normenbegründungsdiskurse auf den Zweck der Lösung isolierter Konflikte zu begrenzen."[26] H. Lübbe gibt zu: „Die Notwendigkeit solcher Diskursbegrenzung läßt sich mit der transzendentalen Verfassung der beteiligten Subjekte tatsächlich nicht begründen. Sie ergibt sich aus empirischen Umständen."[27] Die Arbeit der Hermeneutik in der Konzeption des Pragmatismus kennzeichnet H. Lübbe selbst, jedoch indem er diese wiederum dialektisch an die Normbegründung bindet. „Lösung von Konflikten durch diskursive Begründung von Normen, deren Beachtung die Realität in konfliktlösender Weise verändern hieße, setzt als kommunikative Bedingung ihrer Möglichkeit tatsächlich Einheit der Deutung und Erfahrung dieser Realität voraus. Aber reale Konflikte sind es, die allein die Zumutung begründen können, sich mit anderen im Horizont einer gemeinsamen Weltanschauung zu vereinigen."[28]

3. Die Aufgehobenheit von Werten/Normen und Tatsachen in Sinn

Bei der Untersuchung der vier aktuellen Modelle inhaltlicher Begründung von Normen und Werten und des Anteils der Hermeneutik an diesen Verfahren wurde eine Voraussetzung zunächst einmal akzeptiert, die es jetzt zu thematisieren und zu prüfen gilt, nämlich daß Normen und Werte letztlich im Bedarfsfall geschaffene Produkte handelnder und argumentierender Individuen sind (K. O. Apels Transzendentalpragmatik nimmt hier allerdings, zumindest in der Frage der Grundnormen, eine der Hermeneutik nahekommende Sonderstellung ein). Diese Voraussetzung enthält drei Momente. Einmal sind die Werte und Normen nicht irgendwie etwas unabhängig vom erkennenden und handelnden Subjekt gleichsam ‚tatsächlich' Gegebenes, dessen man sich mit Hilfe adäquater Erkenntnisformen versichern könnte. Das wäre ja klassisch-abendländische Ursprungsphilosophie, wie wir sie in metaphysischen Konzeptionen finden, denen ja heute in der „Philosophie nach der Aufklärung"[29] nicht mehr gefolgt wird. Das zweite Moment ist die Ablehnung und Vermeidung eines „naturalistischen Fehlschlusses"[30], daß aus tatsächlich geltenden, empirisch aufgewiesenen Normen und Werten diese oder neue postuliert werden – etwa nach dem Motto: eine Norm ist, was der Durchschnitt macht. Das dritte Moment ist der neuzeitliche Subjekt-Objekt-Dualismus, der unerschütterliche „Glaube" (im Sinne von K. Poppers kritisch-rationalem „belief"), daß sich ein zunächst gleichsam unabhängiges Subjekt handelnd, forschend, argumentierend mit einem selbstgewählten Objekt beschäftigen könne oder auch nicht. Hermeneutik geht es um den Aufweis, daß man durchaus mit Normen und Werten als etwas, wenngleich nicht „Gegebenem", so in der Lebenswelt Auszumachendem arbeiten kann, ohne einem voraufklärerischen Wertobjektivismus oder einem naturalistischen Fehlschluß zu verfallen und daß der wissenschaftlich-erkenntnistheoretische Subjekt-Objekt-Dualismus so absolut nicht aufrecht erhalten werden kann. Fällt nämlich der Subjekt-Objekt-Dualismus, dann sind auch Normierung und Wertung nicht mehr Fremdkörper, die ein erkennendes oder forschendes Subjekt an eine Sache heranträgt, sondern unaufhebbarer Bestandteil eines Zusammenhanges, dem Subjekt wie Objekt untrennbar angehören, dementsprechend der normierende und wertende Zugang zum Gegenstand der angemessene ist.

M. Heidegger hat in seiner Analyse der Daseinsweise des Menschen den Nachweis geführt, daß menschliches In-der-Welt-sein und menschliches Umgehen mit den Dingen, den Mitmenschen und sich selbst immer schon von Sinn vorstrukturiert ist.[31] Die Dinge der Welt sind nicht erst vorhanden, werden von den Menschen in ihrer Gesetzmäßigkeit erkannt und dann bestimmten Zwecken unterworfen, sondern sie sind überhaupt nur existent in ihrer Bezogenheit auf den Menschen („Zuhandenheit") und in der Bezogenheit des Menschen auf sie. In dieser Bezogenheit aufeinander sind aber „Tatsachen" und „Werte" immer schon untrennbar miteinander verbunden. J. Habermas arbeitet für seine Kritische Theorie genau den gleichen Tatbestand heraus: „Innerhalb eines umgangssprachlich fixierten und in sozialen Normen ausgestanzten Lebensbezuges erfahren wir Dinge wie Menschen im Hinblick auf einen spezifischen Sinn, in dem der deskriptive und der normative Gehalt ungeschieden ebensoviel über die Subjekte aussagt, die darin leben, wie über die erfahrenen Objekte selber: ‚Werte' konstitutieren sich dialektisch in der Beziehung zwischen beiden."[32] In vielen Einzeluntersuchungen macht M. Heidegger klar, daß in der Bewertung eines Dinges oft mehr über ein Ding ausgesagt wird und in ihr mehr Erkenntnis liegt als in einer wertneutralen Beschreibung. So sagt etwa ein Satz wie: „Zu schwer, den anderen" mehr über einen Hammer aus als die intersubjektiv überprüfbare Beschreibung: „Ein Gegenstand aus einem Eisenstück mit den und den Maßen, befestigt an einem Holzstiel von der Länge und dem Durchmesser." Menschliche Lebenswelt konstituiert sich eben auf eine Weise, in der „Tatsachen" und „Normen" und „Werte" als solche isoliert fast nie zur Sprache kommen. Beide sind vielmehr aufgehoben in dem spezifischen Sinn, in dem sie mit dem Menschen immer schon stehen.

In einer solchen Sicht der Lebenswelt, in der die Menschen und Dinge immer schon ihren Ort in einem Sinnzusammenhang haben, haben auch Erkenntnis und Forschung eine andere Struktur. Sie können nicht mehr nur als Zugang eines forscherischen Subjektes zu einem bestimmten Gegenstand mit festgelegten Methoden angesehen werden, sondern sie sind nun das verstehende Durcharbeiten eines Zusammenhanges, in dem Subjekt und Objekt immer schon vermittelt sind. „Im Sichrichten auf . . . und Erfassen geht das Dasein (gleich der Mensch, der Verfasser) nicht etwa erst aus seiner Innensphäre hinaus, in die es zunächst verkapselt ist, sondern es ist seiner primären Seinsart nach immer schon ‚draußen' bei einem begegnenden Seienden der je schon (durch Sinn, der Verfasser) entdeckten Welt. Und das bestimmende Sichaufhalten bei dem zu erkennenden Seienden ist nicht etwa ein Verlassen der inneren Sphäre, sondern auch in diesem ‚Draußensein' beim Gegenstand ist das Dasein im rechtverstandenen Sinne ‚drinnen', d. h. es selbst ist es als In-der-Welt-sein, das erkennt ... Das Erkennen selbst schafft weder allererst ein ‚commercium' des Subjektes mit einer Welt, noch entsteht dieses aus einer Einwirkung der Welt auf ein Subjekt."[33]

Die Untersuchungen von M. Heidegger sind für jenen menschlichen Bereich, den die Sozialwissenschaften und die Pädagogik zum Gegenstand haben, besonders wichtig. Es ist ja nicht der Bereich der planen Gegenstände, denen sich der Mensch, wie Aristoteles sagt, „technisch" herstellend, d. h. von außen Zwecke setzend, nähern kann; es ist vielmehr der Bereich der Praxis, in dem die Menschen als solche in ihrem jeweiligen Selbstverständnis und Selbstwert als vernunftbegabte Wesen einander begegnen. Hier geht es nach Aristoteles um Gut-sein, d. h. darum, im je eigenen Tun auch den anderen als Subjekt zur Geltung kommen zu lassen. J. Habermas hat diesen Bereich den des „kommunikativen Handelns" genannt.[34] In ihm kann es sich nicht mehr darum drehen, für den anderen von außen Zwecke zu setzen, sondern ihn im Handeln als Ich-Identität anzuerkennen, indem man erkennt, daß man wie er dieser Anerkennung bedürftig ist. Für die Pädagogik ist diese Voraussetzung integraler Bestandteil. Erziehung bedeutet eben nicht nur von außen Ziele für einen anderen zu setzen, sondern die im Zögling liegende Ich-Identität und seine Eigenverantwortung anzuerkennen. Aber darüber hinaus ist die Erziehung als wesentliches Moment der sinnstrukturierten Lebenswelt wesensmäßig sowieso mehr, als isoliert einem Zögling zwecks Erreichung eines bestimmten Verhaltens einen Stimulus zu geben. Wo immer der Mensch erzieht, wo er bestimmte Maßnahmen ergreift, wo zur Erziehung institutionelle Regelungen getroffen werden, geschieht dies ja in einem Horizont, in dem vorverstanden schon sehr viel geregelt ist. Dieses schon Geregelte bezieht sich auf Annahmen über den Edukanden, über die Familie, über die Schule bis hin zu unserer Annahme über den Menschen schlechthin. Und das Wesentliche einer Erziehungssituation ist oft nicht die einzelne Maßnahme, sondern das, was unter diesem Sinnhorizont an Normen und Werten in diese Situation einfließt. Einzelne Erziehungsmaßnahmen sind solange nichts, wie sie nicht ihren spezifischen Sinn aus dem Selbstverständnis handelnder und Handlung beurteilender Individuen bekommen. Wenn ein Edukand mit einer „Strafe" belegt wird, dann kann sowohl der Erziehende als auch der „Strafe" in pädagogische Theorie Aufnehmende darüber nicht anders sprechen als in einem bestimmten Vorentwurf, in dem schon wertend und normativ entschieden ist, daß man Edukanden zu einem bestimmten Verhalten anleiten darf, daß bei Verstößen der Erziehende je nach Schwere Maßnahmen ergreifen darf und daß diese Maßnahmen in Relation zu verschiedenen anderen in die Erziehungssituation eingehenden Komponenten stehen. Wenn W. Brezinka bemängelt, daß „selbst der Grundbegriff ‚Erziehung' in vielen Fällen nicht wertfrei benutzt wird"[35], dann übersieht er, daß diese Wertung eben keine subjektive Veranstaltung eines isolierten forscherischen Individuums ist, sondern einem Horizont entstammt, in dem Erziehung immer schon von Dressur, Manipulation, Anstiftung wertend unterschieden ist und dem der Forscher wie der Erzieher und der Zögling angehören.

Man könnte nun ja argumentieren, daß Erziehung, vor allem auch eine bestimmte Erziehungssituation, werthaltig ist, bedeute nicht, daß damit auch die pädagogische Theorie wertend und normierend sein müsse. Wissenschaftlich Prägnanz liege gerade darin, sich auf empirisch überprüfbare Aussagen zu beschränken; Ziele und Zwecke normativ und wertend in die pädagogische Theorie aufzunehmen, also als Wissenschaftler zu sagen, was sein soll und was nicht, sei ein „Mythos der totalen Vernunft".[36] Eben hierin liegt aber ein durch das neuzeitliche Subjekt-Methode-Objekt-Denken bedingter Irrtum. Gegenüber einem Objekt, das dem gleichen lebensweltlichen Sinnhorizont angehört wie das forscherische Subjekt, ist ein solches das Untersuchte auf seine Dinghaftigkeit, „Tatsächlichkeit" einerseits und „Werte", „Normen" andererseits reduzierendes Verfahren so kompliziert, daß es leicht zu einer Verfälschung des Objekts gerät, zumindest aber zu „Erkenntnissen" führt, die die Betroffenen fragen lassen: Was soll das nun? Denn „praktische Fragen können nicht zureichend mit einer zweckrationalen Wahl wertneutraler Mittel beantwortet werden."[37] Werte und Normen und Dinge wie Tatsachen konstituieren sich in einem Sinnhorizont, den es in der Forschung sukzessive aufzuklären gilt, will man ihnen theoretisch gerecht werden. Methodologische Vorentscheidungen helfen da wenig.

So sind für die pädagogische Theorie über die pädagogische Hermeneutik Normen und Werte immer ebenso konstitutiv wie die manchmal von ihnen abgezogenen reinen Tatsachen. Das mag dem ein ungutes Gefühl machen, für den Normierung und Wertung subjektive Veranstaltungen sind – dann wäre der Subjektivismusvorwurf wieder akut –, oder demjenigen, für den Hermeneutik „Hermeneutik der heilen Welt" ist.[38] Dieser Vorwurf der Hermeneutik einer heilen Welt meint ja, daß die Hermeneutik die Wirklichkeit über die Sinnkonstitution schönfärbe und die realen Widersprüche und Friktionen einer Gesellschaft nicht sehe. Aber auch dieser Vorwurf ist unberechtigt. In die Konstituierung von Sinnzusammenhängen gehen ja nicht nur gesellschaftlich real praktizierte Normierungen und Wertungen ein – insofern trifft die hermeneutische Wertung und Normierung auch nicht der Vorwurf des „naturalistischen Fehlschlusses" –, sondern auch jene Normen und Werte, die als Ideale, Entwürfe, Pläne, nicht geführte Gespräche und Argumente zum lebensweltlichen Sinnhorizont einer Gesellschaft gehören und ebenso relevant sind wie die gerade praktizierten. So ist jede hermeneutische Normierung und Wertung wie jede hermeneutische Sinnkonstitution immer nur eine vorläufige, darauf bedacht, Konsensus zu finden oder widerlegt zu werden, um in eben der Widerlegung zu einer besseren Theorie zu gelangen.

IV Die historische Dimension in der pädagogischen Theorie

1. Zwei Zugänge zur Geschichte der Pädagogik

Zum vergangenen Geschehen, sofern es für die pädagogische Theorie relevant erscheint, gibt es zwei Zugänge. Der eine Zugang sieht das vergangene Geschehen eben als etwas Vergangenes an, dem man sich nur ‚historisch' annähern kann; dieser Zugang wäre mit dem Namen W. Brezinka und W. Klafki zu kennzeichnen. Der andere Zugang sieht das vergangene Geschehen als ‚lebendige Vergangenheit', jetzt noch unsere Praxis bestimmendes Geschehen an, das man nicht nur als historisches, sondern auch als gegenwärtiges Agens behandeln muß. Dieser Zugang wäre der der geisteswissenschaftlichen Pädagogik in ihren klassischen Problemfeldern, die auf hermeneutischen Einsichten fußt.

W. Brezinka bezeichnet die Beschäftigung mit dem pädagogisch relevanten vergangenen Geschehen als „Historiographie der Erziehung".[1] Sie ist ihm zwar „eine Teildisziplin der empirischen Erziehungswissenschaft"[2], ihre zur Bestimmung von Hypothesen vorliegenden „Tatsachen" sind dann die „Quellen", also alle Dinge, aus denen man etwas über die Vergangenheit erfahren kann[3], aber sie ist „in ihren wissenschaftstheoretischen Grundlagen und in ihrer Forschungstechnik . . . an Regeln gebunden, die für die geschichtswissenschaftliche Forschung aufgestellt worden sind."[4] Die „historischen Disziplinen" hinwiederum gehören selbst „zu den empirischen, Erfahrungs- oder Realwissenschaften."[5] Das Interesse dessen, der sich mit vergangenem pädagogisch relevantem Geschehen beschäftigt, zielt also darauf ab, zu wissen, wie etwas gewesen ist. Was immer aber gewesen sein mag, es ist vergangen und deshalb Gegenstand einer Historiographie der Erziehung. Zur Gegenwart hat es keine oder nur eine sehr mittelbare Beziehung. Es gibt keine historischen Gesetze, die zur Klärung gegenwärtiger Probleme beitragen könnten. Die Gegenwart ist Objekt der eigentlichen empirischen Erziehungswissenschaft, der nomothetischen Teildisziplin. Allenfalls könnte man die in der historischen Teildisziplin der Erziehungswissenschaft aufgewiesenen Auffassungen, Ideen, Konzeptionen usw. des Erziehungsprozesses als Hypothesen auffassen – woher Hypothesen entstehen, ist ja grundsätzlich egal (vgl. Kap. I, 2) – und als solche dann auf die Gegenwart bezogen den empirischen Prüfungsverfahren unterwerfen.[6] W. Klafki, dessen – wenn nicht Verständnis von Erziehungswissenschaft, so doch – Sprache sich oft der empirisch-analytischen Konzeption in der Methodenfrage angleicht, unterscheidet dann auch zwei Arten „Erkenntnisinteressen“ (dieser von Klafki gebrauchte Begriff hat nichts mit dem transzendentalen Begriff von J. Habermas zu tun), unter denen man sich einer historischen Quelle nähern könne: „1. das primär systematische Interesse, 2. das primär historische Interesse.“[7] Im ersten Fall betrachtet man einen pädagogischen Klassiker etwa des 19. Jahrhunderts unter dem Gesichtspunkt, ob er etwas zu heutigen Erziehungsproblemen beizutragen hat; im zweiten Fall betrachtet man den Gegenstand als zum 19. Jahrhundert und nur zu ihm, einer vergangenen Zeit, zugehörig. W. Klafki gibt allerdings zu, daß sich die beiden Arten des „Erkenntnisinteresses“ oft „miteinander verbinden“.[8]

Sowohl W. Brezinka als auch W. Klafki gehen von dem typischen wissenschaftstheoretischen Subjekt-Objekt-Dualismus aus, als ob es einem forscherischen Subjekt freistünde, sich ein beliebiges Forschungsobjekt zu suchen und zu bestimmen, ob es dieses historisch oder systematisch angehen will, ohne auch nur einen Gedanken daran zu verschwenden, ob nicht das Problem, vorangegangene Lösungsversuche und das forscherische Subjekt in einem Horizont vermittelt sind, den zu durchleuchten und aufzuklären der eigentliche Zugang zum pädagogischen Gegenstand sein könnte. Dieser Verschwendung macht sich die Hermeneutik, auch in den Vertretern der geisteswissenschaftlichen Pädagogik, schuldig. Gegen alle analytischen Vor-unterscheidungen beharrt sie darauf, daß alle in der Jetztzeit auftretenden und Aufmerksamkeit auf sich ziehenden Probleme historisch gewordene sind, daß die Lösungsversuche forscherischer Subjekte ebenso historisch bedingt sind und daß beide in einem Horizont stehen, in dem so etwas wie ein Forscher und sein Problem überhaupt entstehen konnte und daß gerade auch das nach W. Brezinka und W. Klafki rein historisch objektivistische Aufarbeiten vergangenen Geschehens in diesem Horizont immer schon seinen vom Ganzen her bestimmten Ort hat. Sollte es Zufall sein, daß die DDR jetzt Preußen und seine Tugenden überhaupt erst entdeckt oder daß wir in der Pädagogik seit einigen Jahren der Sozialgeschichte des Erziehungswesens vermehrte Aufmerksamkeit widmen? Die Hermeneutik weist nach, wie das, was da in der Historiographie der Erziehung als scheinbar Vergangenes beschrieben wird, gerade und in jedem Augenblick mitwirkt, daß so etwas wie Historiographie der Erziehung überhaupt als Forschungsprojekt in Erwägung gezogen werden kann. Sie deckt auf, was im Rücken des vermeintlich frei seinen Gegenstand wählenden forscherischen Subjektes geschieht. Genau das aber bedeutet, wenn auch auf einer etwas anderen Ebene, daß der Gegenstand wieder selber zur Sprache kommt. Das macht die Vergangenheit für die Hermeneutik zur ‚lebendigen Vergangenheit'.

2. Historisches Gewordensein und historisches Werden als Praxis

Es gibt in der Pädagogik wohl keinen Gegenstand, der nicht historisch geworden ist. Von den Organisationen, Institutionen und Regelungen ist das ja unbestritten. Auch unbestritten dürfte sein, daß der Erkenntniswert einer historischen Betrachtungsweise sehr hoch ist. Über das dreigliedrige allgemeinbildende Schulsystem und die Gesamtschule kann man überhaupt nur historisch reden, auch dann, wenn scheinbar systematische Argumente eingebracht werden. Aber man muß wohl noch einen Schritt weitergehen und feststellen, daß in Phänomenen wie Schul- und Bildungssystemen das Wesentliche und damit der eigentliche Erkenntnisgewinn im historischen Gewordensein und Werden liegt. Es gibt natürlich noch nachweisbare Funktionen der gesellschaftlichen Organisationen und Institutionen, aber diese Bestimmungen wandeln sich mit den Vorstellungen der Gesellschaft als Ganzem. Für die juristische Hermeneutik ist nachgewiesen worden, daß bestimmte Paragraphen des Öffentlichen Rechts im Laufe dieses Jahrhunderts durch Auslegung ihren praktischen Sinn geradezu völlig in ihr Gegenteil verändert haben.[9] Auch der Sinn des Verhältnisses von öffentlichem Erziehungswesen und familiärer Erziehung hat wohl in den letzten hundert Jahren eine totale Umdefinition erfahren. Heute gilt die familiäre Erziehung als Annex des öffentlichen Erziehungswesens.

Für den Bereich der pädagogischen Theorie ist das historische Gewordensein und Werden erzieherischer Praxis immer schon festgestellt worden. Es gilt, um mit O. F. Bollnow zu sprechen, als ausgemacht, „daß die in der systematischen Arbeit verwandten Begriffe wie Erziehung, Bildung, Reife, Mündigkeit, Verantwortung, Gehorsam usw. nicht zeitlos in systematischer Weise festgelegt, sondern gar nicht anders als in ihrem geschichtlichen Zusammenhang begriffen werden können, so daß die unerläßliche Begriffsbestimmung von sich aus in die historische Dimension hinüberführt. Das gilt nicht nur im Sinn einer geschichtlichen Bedingtheit (die bis zur Behinderung gehen kann), sondern auch jeder

Neuansatz kann nur in der Auseinandersetzung mit der Geschichte zur Klarheit über sich selbst kommen."[10] Wendet man das auf die von W. Brezinka als „wissenschaftliche Theorie" eingeführten Erkenntnisse von Berelson und Steiner an, „daß die gefühlsmäßige Tönung des elterlichen Erziehungsverhältnisses" in der Erziehung eine bedeutende Rolle spielt[11], so muß man doch wohl sehen, daß das, was das „gefühlsmäßige Tönung" genannt wird, immer nur historisch ausgelegt erfahren und bestimmt werden kann. H. Nohl hat diese Einsicht wissenschaftstheoretisch und forschungsmethodologisch auf den Begriff gebracht. „Eine . . . wechselseitige Abhängigkeit besteht auch zwischen der geschichtlichen Einsicht und der systematischen. Die geschichtliche Untersuchung arbeitet überall mit systematischen Kategorien, die doch nur gewonnen sind in der Besinnung des Lebens und seiner Entwicklung. Der schöpferische Lebensprozeß besteht ja selbst darin, daß das einzelne Erlebnis aufgefaßt, ergänzt, gedeutet und umgestaltet wird durch den erinnerten Besitz früherer Erfahrungen, auf den es selbst wieder umformend zurückwirkt. Die Besinnung ist dem geistigen Leben immanent, das System der Geschichte, und ihre Trennung immer nur relativ und vorläufig, ein Prozeß im Leben, der immer wieder aufgehoben wird."[12]

Will man seine Informationen praxisrelevant über einen Gegenstand der pädagogischen Theorie, so wie er sich in der Gegenwart zeigt, vermehren, dürfte die auch historische Aufarbeitung desselben unumgänglich sein. Daß diese historische Aufarbeitung meistens genauso wichtig ist wie die auf die Gegenwart bezogene empirische (systematische) Analyse, dürfte wohl nur von W. Brezinka bestritten werden. Aber die Hermeneutik geht in der Konzeption der ‚lebendigen Vergangenheit' noch einen Schritt weiter. Es gibt für sie spezifisch historische Gesetze. Das historische Geschehen als solches bekommt Sinn. Die im historischen Gewordensein und Werden über kleinere oder größere Zeiträume ausmachbaren Regelmäßigkeiten, Tendenzen und Bestrebungen werden vom forscherischen Subjekt als Gesetze erkannt, auf den Begriff gebracht und können als solche für die Praxis unmittelbar fruchtbar gemacht werden. Es ist dies der Versuch, das gleichsam naturwüchsige, vor und hinter dem Individuum sich abspielende Geschehen durch Reflexion und Argumentation in den Horizont der Menschen einzuholen und damit zu Handlungen werden zu lassen. Solche historischen Gesetzmäßigkeiten betreffen etwa das Wachsen der Adressatenbezogenheit erzieherischer Mittel, die Bemessung jeglicher Erziehungspraxis an Kriterien der Mündigkeit und Emanzipation, die auch zeitliche Ausdehnung der Bildung und der

Bildungsansprüche an den Menschen. In jedem Fall geht es darum, das historische Gewordensein und das historische Werden als sinnvolles einzufangen und sowohl den Gegenstand als auch die Theorie damit zur Diskussion zu stellen. Die Frage, ob die festgestellten Tendenzen dabei ‚wirklich' auf der Ebene des Geschehens liegen oder ob sie nur Ordnungsstrukturen des erkennenden Subjektes sind, kann dabei für die Hermeneutik unentschieden bleiben. (Vgl. auch Kap. I, 6.) Wesentlich ist, daß eine Forschergemeinschaft und die sie tragende Gesellschaft sie als ihren spezifischen Sinn und als historisches Gesetz akzeptieren und diskutieren und damit handlungsrelevant werden lassen. „Historische Gesetzmäßigkeiten dieses Typs bezeichnen Bewegungen, die sich, vermittelt durch das Bewußtsein der handelnden Subjekte, tendenziell durchsetzen. Gleichzeitig nehmen sie für sich in Anspruch, den objektiven Sinn eines historischen Lebenszusammenhanges auszusprechen."[13]

Indem eine Forschergemeinschaft und die sie tragende Gesellschaft spezifisch historische Wandlungen als sie betreffend akzeptieren, sich mit dem historischen Gewordensein identifizieren, gewinnen sie ein Selbstverständnis, einen die Vergangenheit und die Zukunft umfassenden Entwurf, der sie befähigt, historisches Gewordensein und historisches Werden unmittelbar praktisch werden zu lassen. Auf der Basis des historischen Gewordenseins kann man miteinander ver-handeln. Die pädagogische Hermeneutik stellt nicht nur Technologie bereit, sondern im vollen Sinn des Wortes Handlungswissen, ein Wissen, das sich – natürlich immer nur vorläufig – gleichermaßen auf die angestrebten Ziele wie auf die zu verwendenden Mittel bezieht. Auch hier muß vor dem Mißverständnis gewarnt werden, daß etwas, nur weil es geschehen ist und damit wirksam geworden ist, automatisch als „Autorität" anerkannt würde – also der „Konservatismus" der Hermeneutik oder „Hermeneutik als Auslegung der heilen Welt". Es geht ja nicht um das Geschehen ‚rein als solches' (das gibt es ja nach hermeneutischer Auffassung sowieso nicht), das irgendwie historiographisch festgeschrieben werden müßte. Es geht vielmehr darum, das, was geschehen ist und was als solches noch lebendig ist, aufzuarbeiten; das kann auch durch Abrückung, Verurteilung, Verwerfung geschehen. Wesentlich ist der spezifische, für die Handlung basisbildende Sinn, der in dieser Aufarbeitung liegt, daß nicht etwas vom Gegenstand, das heißt: von uns abgespalten wird, was wesensmäßig zum Gegenstand, das heißt: zu uns gehört. Hermeneutische Aufarbeitung bedeutet ja eben nicht Fest-stellung für alle Zeit, sondern ein Gespräch zu führen, das uns den Gegenstand und damit uns selber näher bringt. Naiv erscheint der Hermeneutik der Glaube, Vergangenheit historiographisch (‚was gewesen ist') festschreiben zu können.

3. Wirkungsgeschichtliches Bewußtsein

Daß der Hermeneutik eine historiographische Festschreibung naiv erscheinen muß, hat H.-G. Gadamer an einem sehr überzeugenden Beispiel klargemacht – überzeugend auch deshalb, weil es sich auf einen Gegenstand bezieht, der sehr entfernt und von uns unberührt zu liegen scheint. „Die Geschichte der nordamerikanischen Eskimostämme ist sicherlich gänzlich davon unabhängig, ob und wann diese Stämme in die ‚Weltgeschichte Europas' eingewirkt haben. Und doch kann man im Ernst nicht leugnen, daß die wirkungsgeschichtliche Reflexion sich auch dieser Aufgabe gegenüber als machtvoll erweisen wird. Wer in 50 oder 100 Jahren die heute geschriebene Geschichte dieser Stämme wieder liest, der wird diese Geschichte nicht nur veraltet finden, weil er inzwischen mehr weiß oder die Quellen richtiger interpretiert – er wird sich auch eingestehen können, daß man im Jahre 1960 die Quellen deshalb anders las, weil man von anderen Fragen, von anderen Vorurteilen und Interessen bewegt war."[14] Gadamer spricht hier das für die Hermeneutik so wichtige wirkungsgeschichtliche Bewußtsein an. Er gebraucht diesen Begriff bewußt zweideutig. „Die Zweideutigkeit desselben besteht darin, daß damit einerseits das im Gang der Geschichte erwirkte und durch die Geschichte bestimmte Bewußtsein und andererseits ein Bewußtsein dieses Erwirkt- und Bestimmtseins selber gemeint ist."[15] Das forscherische Subjekt weiß um das historische Gewordensein seines Gegenstandes ebenso wie um das historische Gewordensein seiner Fragestellung selbst.

Gerade in der pädagogischen Theorie tut diese wirkungsgeschichtliche Reflexion der Hermeneutik not. Sie verbietet eine Gleichsetzung des vom Forscher als Problem Erkannten mit der ‚Wirklichkeit'. Daß sich uns heute diese und nicht andere Probleme stellen, hat seinen Grund vor allem auch in der Geschichte unserer Wissenschaft. Deshalb ist es falsch, wie W. Brezinka zu glauben, man könne die Historiographie des Erziehungsgeschehens trennen von der Wissenschaftsgeschichte der Pädagogik.[16] Man muß sich darüber klar sein, daß, wenn wir Kant, Pestalozzi oder Herbart untersuchen, wir damit einen Gegenstand bearbeiten, der wesentlich zu dem beigetragen hat, was wir heute sind. Es gibt ja auch alternative Problemsichten und Forschungsansätze, etwa die angelsächsischen. Natürlich läßt sich auch über die unterschiedlichen Forschungsansätze wieder eine Verständigung herbeiführen. Aber nichts kann dem Forscher seinen naiven, auf die Methode pochenden Zugang zu seinem Gegenstand wohl mehr verleiden als der Hinweis darauf, daß eben dieser Gegenstand teil daran hat, daß er die Dinge so und nicht anders angehen zu müssen glaubt. Der „objektivistische Schein“ der Realwissenschaft[17] verliert dann doch viel von seinem Glanz. Die wirkungsgeschichtliche Reflexion der Hermeneutik deckt – so weit wie möglich – jenen Zusammenhang auf, in dem forscherisches Subjekt und scheinbar frei gewählter Gegenstand immer schon stehen. Soweit wie möglich – „denn wirkungsgeschichtliches Bewußtsein ist auf unaufhebbare Weise mehr Sein als Bewußtsein“[18], was bedeutet, daß es in jedem Augenblick des Nachvollzugs schon wieder wesensmäßig danach strebt, aufgehoben zu werden, weil es nicht feststellbar ist.

4. Die Geschichtlichkeit des menschlichen Daseins

Wenn H.-G. Gadamer betont, daß die wirkungsgeschichtliche Reflexion der Hermeneutik ein wenig von dem bewußt werden läßt, was sonst hinter dem Rücken des forscherischen Subjekts geschieht[19] und immer wieder hervorhebt, „wieviel Geschehen in allem Verstehen wirksam ist und wie wenig durch das moderne historische Bewußtsein die Traditionen, in denen wir stehen, entmächtigt sind“[20], dann macht er damit eine Einsicht fruchtbar, die zuerst von M. Heidegger in ihrer ganzen Radikalität ausgesprochen wurde: die Geschichtlichkeit des menschlichen Daseins. „Die Bestimmung Geschichtlichkeit liegt vor dem, was man Geschichte (weltgeschichtliches Geschehen) nennt. Geschichtlichkeit meint die Seinsverfassung des ‚Geschehens‘ des Daseins (gleich des Menschen, der Verf.) als solchen, auf dessen Grund allererst so etwas möglich ist wie ‚Weltgeschichte‘ und geschichtlich zur Weltgeschichte gehören. Das Dasein (gleich der Mensch, der Verf.) ist je in seinem faktischen Sein, wie und ‚was‘ es schon war. Ob ausdrücklich oder nicht, i s t es seine Vergangenheit. Und das nicht nur so, daß sich ihm seine Vergangenheit gleichsam ‚hinter‘ ihm herschiebt, und es Vergangenes als noch vorhandene Eigenschaft besitzt, die zuweilen in ihm nachwirkt. Das Dasein (gleich der Mensch, der Verf.) ‚ist‘ seine Vergangenheit in der Weise seines Seins, das, roh gesagt, jeweils aus seiner Zukunft her ‚geschieht‘.“[21]

M. Heidegger hat in seinen phänomenologischen Analysen des menschlichen Daseins nachgewiesen, daß der Mensch als Mensch so in der Welt ist, daß er gar nicht anders kann, als seine Vergangenheit stets nicht nur mit sich zu tragen, sondern sie auch zu leben. Selbst dann, wenn sich der Mensch in die Zukunft hinein orientiert, lebt er noch gleichzeitig die Vergangenheit. Und daß es so etwas wie geschichtliches Erinnern, Historiographie überhaupt gibt, liegt eben darin begründet, daß der Mensch ein geschichtlich existierendes Wesen ist.

Heideggers Analysen bezogen sich im wesentlichen auf den Menschen als Einzelwesen; aber aus den Untersuchungen des „Mitseins" und des „Man" als der Weise, in der die Menschen in ihrer Alltäglichkeit leben, geht hervor, daß das auch auf die Gemeinschaft als solche zu beziehen ist. Auch die Lebenswelt des Menschen bzw. die Gesellschaft als Ganzes existiert so, daß sie in jedem Augenblick ihre Vergangenheit als Geschichtlichkeit auslebt. Bewußt geschieht dies natürlich in ihrer Geschichtsschreibung, Tradition, in ihren Literaturen und Denkmälern. Aber selbst wenn es das alles nicht gäbe, wäre immer noch ihre Vergangenheit als Gegenwart lebendig. Der Mensch lebt eben in der Weise, daß Vergangenheit untrennbar zu ihm gehört. Dieses Vergangene meint nicht einmal so sehr das ‚wirklich' Geschehene, sondern das, als was der Einzelne und die Gesellschaft – und sei es auch in „systematisch verzerrter Kommunikation"[22] – es erlebt, oder: welchen Sinn er ihm beimißt.

Von hier aus wird nun klar, daß es für eine Wissenschaft wie die Pädagogik, die den Menschen als Einzelnen, als soziales und Gattungswesen zum Gegenstand hat, eine Trennung von auf die Gegenwart bezogener systematischer Theorie und auf die Vergangenheit bezogener Historiographie eine höchst künstliche, unter Umständen den Gegenstand wie auch das forscherische Subjekt verfälschende, methodologische Bescheidung ist. Wenn man aus forschungstechnischen Gründen eine solche Trennung macht, dann muß man sich über die pädagogische Hermeneutik die jeweils andere Seite vergegenwärtigen und sie theoretisch einholen, um dem pädagogischen Gegenstand gerecht zu werden. Man kann dieses Vorgehen mit W. Flitner „historisch-systematisch" nennen; auf jeden Fall muß man W. Flitners Einsicht zustimmen: „Durch ihren historischen Charakter erhalten die Erziehungswissenschaft und die analog strukturierten Theorien der Politik, des Rechts, des gesitteten Lebens und des Haushaltes ihre Selbständigkeit gegenüber der Philosophie, welche über die historischen Bedingtheiten hinaus fragt. Gegenüber den eigentlich historischen Wissenschaften grenzen sich diese Disziplinen dadurch ab, daß sie pragmatisch fragen, aber die Sinn- und Gültigkeitsfragen des ‚normativen Geistes' durchklären müssen. Die Pädagogik und ihre Schwesterwissenschaften sind zugleich historisch und systematisch, zugleich hermeneutisch und philosophierend. Sie bewegen sich auf dem Pfade, auf dem die Scheidung dieser beiden Fragestellungen noch nicht vollzogen ist."[23]

V Pädagogische Theorie und Erziehungspraxis

1. Pädagogische Theorie als Theorie einer Praxis

Über das Verhältnis von Theorie und Praxis ist seit der Konstitution der Pädagogik als Wissenschaft im 19. Jahrhundert viel diskutiert worden[1] – mit Recht, da sich die Pädagogik als Theorie einer Praxis, eben der Erziehung, versteht. Praxis meint dabei im klassischen Sinn des Wortes im Unterschied zur Poiesis, wo einer etwas herstellt, „solche Einrichtungen und Handlungen, die darauf gerichtet sind, auf andere Menschen einzuwirken oder die Beziehungen zwischen Ihnen zu beeinflussen."[2] Da dies meistens in bewußter Tätigkeit geschieht oder geschehen sollte, also in Handlungen, wird die Pädagogik deswegen oft auch als Handlungswissenschaft aufgefaßt.[3] Pädagogik „will und soll sein Theorie eines Handelns."[4] Daß pädagogische Theorie – wie auch immer – Einfluß auf Praxis haben will und haben sollte, wird von keiner wissenschaftstheoretischen Konzeption der Erziehungswissenschaft bestritten. Die kritisch-normative Pädagogik, die geisteswissenschaftliche Pädagogik und die kritische Theorie der Erziehung machen dies sogar zur metatheoretischen Norm ihrer Konzeption.[5] W. Brezinka trennt zwar für seine empirisch-analytische Erziehungswissenschaft: „In einer *wissenschaftlichen* Theorie will man beschreiben und erklären, was ist. In einer *praktischen* Theorie will man ausdrücken, was sein und getan werden soll."[6] Und: „Bei theoretischer Einstellung erscheinen die erzieherischen Handlungen und alles, was damit zusammenhängt als psychische, soziale, kulturelle oder historische Tatsachen ... Bei praktischer Einstellung erscheint das Erziehen als eine Aufgabe, für deren Lösung Richtlinien, Anweisungen, Vorschriften oder Regeln gebraucht werden."[7] Aber dann begründet er seine empirisch-analytische Konzeption der Erziehungswissenschaft damit, daß „wir die Zukunft unserer Gesellschaft nicht dem Zufall und unsere Kinder nicht bloßem Gutdünken ausliefern wollen"[8], will über die erziehungswissenschaftliche Technologie, die bei gegebenen Zielen die Erziehungstechniken und -mittel bereitstellt, auf Praxis Einfluß nehmen und stellt der Erziehungswissenschaft ein direkt auf die Praxis bezogenes Aussagesystem „Praktische Pädagogik", ein Gemisch aus normativen und deskriptiven Aussagen, zur Seite.[9] Der Sinn pädagogischer Theorie liegt auch für W. Brezinka letztlich in ihrer Praxisrelevanz.

Das Verhältnis von pädagogischer Theorie und Erziehungspraxis ist nun oft, vor allem in der geisteswissenschaftlichen Pädagogik und in der kritischen Theorie der Erziehung, sehr emphatisch ausgelegt worden. Das ging so weit, daß man glaubte sagen zu können, die Erziehungspraxis sei in sich schon Theorie bzw. die Theorie greife als solche schon in die Praxis ein. So stellt K. Mollenhauer fest: „Während naturwissenschaftliche Forschung nicht das Objekt ‚Natur' verändert, sondern lediglich ihre Beherrschung ermöglicht, verändert jede Forschung das ‚Objekt' Erziehung."[10] Th. Litt sieht Theorie und Praxis im Begriff der Erziehung derart aufgehoben, „daß die theoretische Auffassung des Tatbestandes ‚Erziehung' einerseits, die praktische Stellungnahme zu den Aufgaben der Erziehung andererseits gleichsam sekundäre Ausgestaltungen eine Grundeinstellung zum Problem ‚Erziehung' überhaupt sind, die über dem Gegensatz von Theorie und Praxis, Tatsachenforschung und Zielsetzung steht."[11] O. F. Bollnow gibt zu: „Was . . . die Praxisbezogenheit der geisteswissenschaftlichen Pädagogik angeht, so ist sie vielleicht von manchen ihrer Vertreter in den Einleitungspartien ihrer Bücher . . . etwas übertrieben worden."[12] So ist zunächst einmal die Feststellung nötig, daß jede Theorie, auch eine praktische Theorie, immer Theorie ist und auch Theorie bleiben könnte. Wer ein Forschungsergebnis darlegt und sich über einen Gegenstand äußert, ist Theoretiker, auch wenn der Praxisbezug soweit ging, daß – natürlich in bestimmter Verallgemeinerung – in präskriptiver Sprache den Erziehern gesagt würde, so oder so sei zu verfahren. Die Frage nach dem Verhältnis von pädagogischer Theorie und Erziehungspraxis kann also nicht lauten, was ist was und was beeinflußt was mehr, sondern schlicht: Wie muß eine pädagogische Theorie beschaffen sein, damit sie größtmöglichen Einfluß auf die Praxis nehmen könne, jedoch so, daß die Praxis: Erzieher, Edukanden, Verantwortliche – ließe man sich mit ihr auf eine Diskussion ein, wozu prinzipiell Bereitschaft bestehen sollte – diese Theorie cum grano salis als Erkenntnisgewinn (Aufklärung) über sich und eventuell Verbesserungsvorschlag für ihr Tun empfindet.

2. Praxis als Forschungsobjekt

Die Frage nun, wie muß eine auf Praxis abzielende pädagogische Theorie beschaffen sein, läßt sich präzise wiederum so stellen: welche wissenschaftlichen Sätze sind zugelassen, damit Praxisrelevanz gewonnen wird, und damit wiederum die Frage, welchen Zugang findet der Forscher zu seinem Gegenstand, um ihn praxisrelevant in die pädagogische Theorie aufnehmen zu können. Wenn – wie in der empirisch-analytischen Konzeption – der Zugang zum Gegenstand so gesucht wird, daß über die wissenschaftliche Methode festgelegt ist, was in eine wissenschaftliche Theorie aufgenommen werden kann und was nicht, muß das Eigentliche des Gegenstandes, nämlich Praxis zu sein, schon im Ansatz verfehlt werden. Hier unterscheidet sich der Gegenstand – außer dadurch, daß er komplexer und somit schwieriger zu analysieren ist – in nichts von den Gegenständen anderer Wissenschaften. Der Zugang zum Gegenstand ist der Methode entsprechend deduktiv, d. h.: aus schon bestehenden allgemeinen Gesetzeshypothesen werden Hypothesen abgeleitet, die zu Basissätzen operationalisiert werden. Der Gegenstand muß sich fügen. Aber bestimmte, durch Analyse – als Isolation von einigen wenigen Variablen aus der Unmenge unmittelbar beteiligter – gewonnene Teilerkenntnisse sagen der Praxis kaum etwas. Praxis ist ja gerade dadurch ausgezeichnet, daß sie als komplexe konkrete Situation stets über sich hinaus auf das Ganze der Lebenswelt verweist. Allgemeine Gesetze, die sich auf aus dem Zusammenhang des Ganzen herausgelöste Faktoren beziehen, verfehlen zumeist den Kern dessen, was diese konkrete Situation wesentlich darstellt. Deswegen bedürfen sie auch meistens der Rückinterpretation in die Praxis, was zur Verfremdung einer die Praxis verfremdenden Theorie ausarten kann.

Hinzu kommt ein weiteres Moment. Die vorgelegte Theorie bezieht sich in ihrer „technologischen Anwendung“[13] ja immer nur auf die zu verwendenden Mittel bei schon vorausgesetzten Zielen. Die Ziele, die in einer konkreten Situation der Praxis ebenso in Frage stehen wie die zu verwendenden Techniken (im weitesten Sinne des Wortes), werden bewußt ausgeblendet bzw. als Untersuchungsobjekt der pädagogischen Theorie unter anderen Objekten angesehen. Hier ist „auf die Diskrepanz hinzuweisen, die zwischen praktischen Fragen und der Bewältigung technischer Aufgaben klafft, ganz zu schweigen von der Realisierung eines Sinnes, der, weit über die Naturbeherrschung einer noch so gekonnten Manipulation verdinglichter Beziehung hinaus, die Struktur eines gesellschaftlichen Lebenszusammenhanges im ganzen beträfe.“[14] W. Brezinkas Glaube, daß durch empirisch-analytische sozialwissenschaftliche Forschung die Zukunft unserer Gesellschaft weniger zufällig und das bloße Gutdünken in der Erziehung weniger würde[15], ist einerseits rührend naiv, andererseits in dieser Naivität geradezu gefährlich. Dem Zufall und dem bloßen Gutdünken wird die Ermöglichung planvollen Handelns durch Wissenschaft gegenübergestellt. Nun würde z. B. ein globales, computergesteuertes, auf die Menschen in unserem Lande bezogenes Datenerhebungs- und Informationssystem den Zufall in der Zukunft unserer Gesellschaft sehr reduzieren. Aber können wir das im Ernst wollen? Hängt die Zukunft unserer Gesellschaft nicht sehr viel mehr von dem ab, was wir mit uns vorhaben, wie wir unsere Vergangenheit interpretieren und uns auf Zukunft hin entwerfen? Genau das ist es doch, was unter praktischen Fragen zu verstehen ist. Hier aber schweigt eine auf die Technologie bezogene wissenschaftstheoretische Konzeption und öffnet gerade dadurch als Wissenschaft dem Zufall und der Willkür Tür und Tor. Denn was nicht Zufall und nicht Willkür ist, das bestimmt nicht der Wissenschaftler, sondern wird von anderen bestimmt. Es soll hier keineswegs verschwiegen werden, daß auch W. Brezinka und vor allem K. Popper[16] derartige auf die menschliche und gesellschaftliche Praxis bezogene Fragen zulassen und fordern, aber nicht als wissenschaftliche. Und hier geht es um die Frage, wie muß eine wissenschaftliche Theorie aussehen, um praxisrelevant sein zu können.

Natürlich kann man sagen, „Erziehung als Tatsache" bestehe darin, daß einer einen anderen unter bestimmten Umständen zu einem bestimmten Ziel auf bestimmte Art und Weise zum Objekt seines Handelns mache[17], wobei nach dieser Auffassung alle einzelnen Positionen austauschbar besetzt wären, dennoch würde eine solche Analyse der konkreten Erziehungssituation als Praxis, die eben durch ihre je besondere Einbettung in ein konkretes Ganzes mehr ist, nur sehr wenig geben. Eine alleinstehende Mutter, die ihr Kleinkind nach achtstündigem Arbeitstag durch Spielplatz, Zoobesuch und ähnliches auf ein bestimmtes sprachliches und damit Intelligenzniveau bringen möchte, wird eine solche Konzeption von Erziehung als praktisch irrelevant ablehnen, die ihr sagt, daß sie – wissenschaftlich gesehen – nichts anderes tue als der Vertreter einer totalitären Ideologie, wenn er Proselyten mache. Als das Eigentliche ihres Tuns, also der Praxis, wird ihr nämlich zur Recht das Ziel und der damit verbundene Sinn ihrer Bemühungen erscheinen, und für diese wird sie eine Hilfestellung erwarten – umsonst, wenn sich Wissenschaft auf das Technische bescheidet.

Die anderen wissenschaftstheoretischen Konzeptionen von Pädagogik – von W. Brezinka als „praktische Theorie" im Unterschied zur „Erziehungswissenschaft" bezeichnet – gehen denn auch in ihrer Theoriebildung eher von der konkreten Erziehungssituation aus, in der Menschen handeln und ihren Handlungen bewußt oder unbewußt Sinn unterlegen, und versuchen, in jedem Augenblick der Theoriebildung den Rückbezug auf die Praxis zu wahren. Die geisteswissenschaftliche Pädagogik „beginnt nicht mit der Frage nach allgemeinen Gesetzen, um diese dann auf die konkrete Situation anzuwenden, sondern setzt ein mit der konkreten Situation, um in deren Erhellung dann zu größerer Allgemeinheit aufzusteigen.“[18] In ihrem emphatischen Praxisbezug schreibt die geisteswissenschaftliche Pädagogik, da die praktische Tätigkeit immer schon von Einsichten, Erfahrungen, Regeln bewußt oder unbewußt geleitet ist, der Praxis eine eigene Theoriehaltigkeit zu. Es stelle sich die Aufgabe, diese immanente Theorie zu thematisieren, die Praxis durch Bewußtmachung über sich aufzuklären und über die Theorie zu besserem Handeln zu kommen. So gelten der geisteswissenschaftlichen Pädagogik Berichte aus der Praxis, etwa Erfahrungsberichte von Erziehern, ebenso als Erkenntnisgewinn wie die eigens zum Zwecke der Theoriebildung vorgenommenen Untersuchungen der Praxis. Beide können das Wesen ihres Gegenstandes treffen oder verfehlen. Da ferner jede konkrete Erziehungssituation über sich hinausweist, besteht die geisteswissenschaftliche Pädagogik darauf, in die theoretische Aufarbeitung dieser Situation Sinnbezüge bis hin zur gesellschaftlichen Situation der Erzieher und Zöglinge, der Organisationen und Institutionen und bis hin zur Frage nach dem Wesen und der Bestimmung des Menschen schlechthin einzubeziehen. Analyse, Isolierung von einzelnen Variablen, hülfen da nur wenig und nur dann, wenn sie gemäß ihrem Stellenwert im Ganzen des Geschehens verstanden würden. Daß auch Normen und Wertungen eine große Bedeutung in der theoretischen Aufarbeitung der Praxis zukommt, wurde schon als Grundkonzeption der geisteswissenschaftlichen Pädagogik herausgestellt (vgl. Kap. III). Ebenso liegt dieser Konzeption die Einsicht in die Geschicklichkeit und Wandelbarkeit der Praxis zugrunde (vgl. IV).

Die kritische Theorie der Erziehung will die wie auch immer zustande gekommene pädagogische Theorie zurückinterpretieren in den Horizont derjenigen, auf die sie sich bezieht. Es gelte stets, den Gegenstand pädagogischer Theorie nicht als Objekt anzusehen, sondern als Subjekt mit einem eigenem Lebensentwurf, Selbstverständnis und der potentiellen Fähigkeit, sich mit dem in der Theorie Ausgeführten auseinandersetzen zu können. „Mit der Interpretation der gewonnenen Gesetzesaussagen in den Verständnishorizont der Individuen ist hier eine Übersetzung gemeint, die die wissenschaftlichen Erkenntnisse ohne wesentliche Verkürzung wiedergibt und dennoch von den Personen, für die die betreffenden Erkenntnisse gelten, begriffen werden kann – zweifellos eine sehr schwierige Operation. Das Gelingen dieser didaktischen

Transposition hängt ... von der Sprache ab, in der die fraglichen Einsichten gewonnen wurden. Die Sprache der Wissenschaften, auch der Wissenschaften vom Menschen, hat sich von der Umgangssprache weit entfernt. Offen bleibt, ob damit nur ein Zuwachs an Klarheit der Sprache verbunden war oder nicht auch ein Verlust an Verständnis für die Sache. Wer Menschen als Sachen untersucht, hat Verständnis freilich auch gar nicht intendiert, für ihn wäre ein solcher Verlust ohne Belang. Anders jedoch, wenn die Forschung der Selbsterkenntnis der Erforschten dienen soll. Dann muß sie zuerst deren soziale Lebenwelt erhellen, und dabei wird sie sich nur unter dem Risiko des Irrtums über das Selbstverständnis der untersuchten Menschen hinwegsetzen können. Um deren Selbstverständnis zu erfassen, hat sie von ihrer Sprache zumindest auszugehen. Auch dann bleibt noch ein weiterer Spielraum der Interpretation. Je stärker sie sich mit der Sprache der Untersuchten vertraut macht, desto eher wird es ihr später möglich sein, ihre Schlußfolgerungen in diese Sprache zurückzutransformieren."[19]

3. Hermeneutik als Vermittlung von Praxis und Theorie

Der von allen wissenschaftstheoretischen Konzeptionen – mit Ausnahme der empirisch-analytischen Erziehungswissenschaft – geübte theoretische Zugang zur Praxis, der einen Erkenntnisgewinn auch im Sinne einer Bereicherung der Praxis bringen soll, ist eine Leistung der Hermeneutik und wird von der geisteswissenschaftlichen Pädagogik ja auch als „Hermeneutik der Erziehungswirklichkeit" bezeichnet.[20] Das Prinzip dieses Zugangs ist, daß die Praxis kein Gegenstand unter anderen ist, sondern als solche in die Theorie aufgenommen wird. Die Menschen und die von ihnen gestaltete Welt haben grundsätzlich eine andere Qualität als die übrigen Gegenstände. Und Erziehung als Praxis ist etwas, das sich zwischen Menschen vollzieht – auch wenn die erzieherischen Handlungen oft von Organisationen vorgeschrieben und in Institutionen geregelt sind. Erziehung als Praxis ist ebenfalls etwas, das in jedem Augenblick über den isolierten pädagogischen Akt hinausweist auf das Ganze der Lebenswelt bzw. der Gesellschaft und auf bestimmte geistige Gehalte, mit denen die Gesellschaft oder gesellschaftliche Gruppen sich identifizieren oder nicht identifizieren.

Menschen, die erziehen, realisieren damit einen bestimmten Sinn. In ihm ist der Erzieher selbst, der Zögling und sind die angestrebten Erziehungsziele und -methoden ebenso verortet wie der Entwurf, in den sich eine Gesellschaft oder bestimmte gesellschaftliche Gruppen auch hinsichtlich geistiger Gehalte stellen. Jede Handlung, die im weitesten Sinne mit Erziehung zu tun hat, steht zu allen Positionen in diesem Sinngefüge in einem dialektischen Verhältnis. Ändert sich etwa das Selbstverständnis einer Gesellschaft in Richtung auf ein autoritäres Führer- und Führungsprinzip, dann ändern sich zugleich bzw. haben sich auch schon verändert das Selbstverständnis von Erzieher und Zögling, die Erziehungsinstitutionen wie die Methoden und die geistigen Gehalte, die als Ziele und Beurteilungskriterien von Erziehung herangezogen werden. Handlungsfähig sind die Menschen in dem Maße, in dem sich ihnen Welt erschlossen hat, das heißt: in dem sie alle Momente einer bestimmten praktischen Situation gleichsam aufheben können in der vermittelten Einheit des Sinnes. Vermittelte Einheit meint dabei, daß Sinn zwar eine übergeordnete, alles strukturierende, allgemeine Qualität darstellt, daß aber gleichzeitig alle einzelnen konkreten Momente gerade aus dieser übergeordneten Qualität heraus in ihrer je eigentümlichen Besonderheit bestimmt werden und in dialektischer Entsprechung an der Konstitution der allgemeinen Qualität mitwirken. Das mag einfacher strukturierten Theoriekonzepten als wüstes Gemenge erscheinen, das möglichst umgehend rational und rationell zu ordnen ist, aber Praxis ist nun einmal so mehrdimensional, was ja auch von der empirisch-analytischen Konzeption zugestanden wird, wenn sie von der Komplexität des Gegenstandes spricht. Nun könnte man aber weiter argumentieren, daß, wenn Praxis sich nun einnal so komplex zeige, dies nicht bedeute, daß sie auch derart in die Theorie aufgenommen werden müsse, daß vielmehr mit Hilfe logisch einwandfreier und empirisch bestätigter Gesetzeshypothesen eine wissenschaftliche Ordnung geschaffen werden könne. Das mag zwar – allerdings mit erheblichen Einschränkungen (vgl. Kap. II) – gelten, geschieht aber mit Sicherheit auf Kosten der Praxisrelevanz der Theorie. Nachgewiesenerweise versagt bis jetzt noch der Empiriker angesichts der Praxis. „Die eigentlich interessierenden, praktisch relevanten Zusammenhänge können von ihm nicht nachgewiesen werden. Die methodologisch bedingte Einschränkung seiner Fragestellung geht auf Kosten der theoretischen und praktischen Verallgemeinerbarkeit der Befunde. Die Formalisierung der Begriffe, Modellvorstellungen und Theorien erhöht zwar die Sicherheit des empirischen Verfahrens, jedoch auf Kosten des Inhalts und der praktischen Relevanz."[21]

Anders die Hermeneutik: das Verstehen ermöglicht es, die einzelnen Momente des Erziehungsgeschehens und das Allgemeine des Sinnes auf den Begriff zu bringen. Durch die Hermeneutik wird ein Erziehungsgeschehen sowohl in seiner erreichten oder verfehlten Intention wie in seiner Organisation und Methodik, aber auch in seiner Bezogenheit auf den lebensweltlichen und gesellschaftlichen Horizont, in dem es sich vollzieht, thematisiert. Das Spezifische des Verstehensaktes und damit der pädagogischen Hermeneutik liegt darin, daß sie einen Erkenntnisgewinn bringen, der sich auf die Erziehungssituation in ihrer umfassenden Ganzheit bezieht. Dadurch aber tragen Informationen und Aufklärung zur Handlungsfähigkeit bei. Einzelne Faktoren können in der hermeneutischen Erkenntnis zwar besonders betont werden, aber das Wesentliche bleibt immer das Ganze der spezifischen Erziehungssituation, so wie sie im Idealfall von allen Beteiligten erlebt werden könnte. So kann pädagogische Theorie durch pädagogische Hermeneutik auf sehr kurzem Wege praktisch werden. Hier muß nun dem Mißverständnis entgegengetreten werden, daß die Hermeneutik nur sprachlich Ausgedrücktes zum Gegenstand ihrer Untersuchung mache. Die einzelnen Momente eines Sinnzusammenhanges können auch non-verbale Äußerungen, direkte Handlungen, Interaktionen sein. Auch durch sie realisieren Erzieher ja Sinn, und so können sie auch verstanden und in die Theorie aufgenommen werden. Allerdings ist von der Hermeneutik die Voraussetzung gemacht, daß alles Erfahrbare und damit auch das Erziehungsgeschehen in allen seinen Aspekten in Sprache eingeholt werden kann. Sprache ist der letzte Grund der Verständigung. „Das hermeneutische Bewußtsein hat nur an etwas Teil, was das allgemeine Verhältnis von Sprache und Vernunft ausmacht . . . Die Sprache ist die Sprache der Vernunft selbst.“[22] „Sein, das verstanden werden kann, ist Sprache.“[23]

Natürlich bedeutet der hermeneutische Zugang zur Praxis als solcher nicht die Gewähr, daß der Gegenstand angemessen erfaßt wird. Der spezifische Sinn einer Erziehungssituation kann auch verfehlt werden und wird faktisch auch oft verfehlt. Das Kriterium, dies zu beurteilen, ist letztlich wieder, ob der aufgewiesene Sinn den Konsensus der Forschergemeinschaft und der Betroffenen findet. Theorien, die heute von einer dreiklassigen Begabung des Menschen ausgehen und der Chancengleichheit gleichsam einen biologischen Riegel vorschieben wollen, dürften unseren Sinn von Menschsein, Bildung und Erziehung im Ansatz verfehlen. Auch Theorien der pädagogischen Hermeneutik stehen ständig unter dem Zwang, eine bessere Theorie als andere zu sein. Aber sie akzeptieren dies sogar als ihr eigenes Kriterium. Es geht der Hermeneutik ja um ein Besser-Verstehen, nicht um eine immergültige Fest-stellung; sie thematisiert „das Gespräch, das wir sind.“[24] So ist die hermeneutische Theorie zwar auch immer noch Theorie, aber eine praxisnahe Theorie.

VI Die Einwände des Kritischen Rationalismus gegen die Hermeneutik

Gegen die Hermeneutik ist von seiten des Kritischen Rationalismus, der hier zunächst untersucht werden soll, und von seiten der Kritischen Theorie (vgl. das folgende Kap. VII) eine Reihe von Einwänden erhoben worden, deren Aufarbeitung und Widerlegung durchaus zur weiteren Klärung dieses Verfahrens in der pädagogischen Theorie beiträgt. Global gesehen haben diese Einwände von beiden Seiten einmal den Universalitätsanspruch der Hermeneutik, Grundlage jeder menschlichen Erkenntnis zu sein, wie er sich bei M. Heidegger und H.-G. Gadamer artikuliert (vgl. Kap. I 6) und zum anderen ihre Brauchbarkeit als Forschungsmethode der Sozialwissenschaften (vgl. Kap. II) zum Gegenstand. K. Popper widmet der Kritik der Hermeneutik eine ausführliche Monographie „Das Elend des Historizismus"[1], wo er eine regelrechte Nachkonstruktion bzw. Rekonstruktion des hermeneutischen Verfahrens versucht; H. Albert setzt sich in mehreren Aufsätzen und Kapiteln seiner Monographien mit ihr auseinander[2], und W. Brezinka macht diese Auseinandersetzung vor allem immer da für die Pädagogik fruchtbar, wo er die geisteswissenschaftliche Pädagogik zu treffen versucht.[3]

1. Gegen den „Anti-Naturalismus"

Eine wesentliche Grundlage des hermeneutischen Zugangs zum Gegenstand pädagogischer Theoriebildung, worauf auch in dieser Untersuchung immer wieder zurückgegriffen wurde, ist der Umstand, daß die Erforschung des Menschen und der von ihm hervorgebrachten geschichtlich-gesellschaftlichen Praxis eine andere Untersuchungsmethode erfordert als die übrige Natur: menschliche Handlungen dürfen nicht wie Fliegenbeine gezählt werden. Der Kritische Rationalismus nennt dies den „Anti-Naturalismus" der Hermeneutik.[4] Die Hermeneutik räume dem Bereich der menschlichen Lebenswelt ohne nachweisbare sachliche Legitimation eine andere Stellung ein als der übrigen Natur und behaupte, daß nur sie als wissenschaftliche Methode diesem Gegenstand angemessen sei. „Daß schon die Abgrenzung dieses Bereichs – etwa angesichts der vordringenden biologischen Forschung – zu erheblichen Schwierigkeiten führen mußte, wurde im Rahmen eines Denkens, das vom Vorhandensein a priori wohlabgegrenzter Gegenstandsbereiche ausgehen zu können meinte, im allgemeinen nicht in Rechnung gestellt."[5] Die „ontologische Zweiteilung der Welt" durch die Hermeneutik resultiere aus der „theologischen Abstammung" des hermeneutischen Denkens, daraus, „daß in der auf biblische Vorstellungen gegründeten christlichen Theologie das Geschehen im menschlichen Bereich nur unter heilsgeschichtlichen Aspekten – das heißt unter dem Gesichtspunkt der Einordnung in den göttlichen Heilsplan – in Betracht kam und eine Einordnung dieses Geschehens in die Natur – wie wir sie etwa in der griechischen Kosmologie finden – von daher keine Bedeutung erlangen konnte . . . Mit dem Streben, die in der theologischen Tradition begründete absolute Sonderstellung des Menschen zu retten, war verständlicherweise der Versuch verbunden, wenigstens für den Bereich, den man als in dieser Hinsicht wesentlich ansehen zu müssen glaubte – den des ‚Geistes', der ‚Kultur' oder der ‚Geschichte' –, die in der Naturforschung bewährte Methode für unzuständig zu erklären."[6] W. Brezinka bringt für seine Konzeption der Erziehungswissenschaft immer wieder vor, es sei nicht einzusehen, warum die überall so erfolgreichen empirisch-analytischen Wissenschaften ausgerechnet im Erziehungsbereich nicht fruchtbar werden sollten.[7] Für den Kritischen Rationalismus gilt es, die hermeneutische Vorentscheidung einer zweigeteilten Welt als solche zu entlarven und auch im Bereich der menschlichen Lebenswelt den kritisch-rationalen Theorieansatz zur Geltung zu bringen. Der hermeneutische Erfahrungsbegriff, der sich als der menschlichen Lebenswelt angemessener als der empirische verstehe, diene nur dazu, „ehrwürdige Irrtümer . . . schwer korrigierbar zu machen."[8]

Die „ontologische Zweiteilung" der Welt ist sicherlich ein theologisches Erbe der Hermeneutik, obwohl schon Aristoteles deutlich zwischen dem Bereich des Herstellens von Dingen, Poiesis, und dem Bereich des Miteinander-Umgehens des Menschen, Praxis, unterschieden hat. Die christliche Theologie lehrt in der Tat von ihren Anfängen an, daß der Mensch, weil Subjekt und Objekt der Heilsgeschichte, in der Welt eine besondere Stellung einnimmt und daß er mit besonderen Maßstäben gemessen, ja mit besonderen, „umfassenden" wissenschaftlichen Methoden als Objekt der Erkenntnis angegangen werden muß. Sehr deutlich wird dies etwa bei dem schwäbischen Pietisten F. Ch. Oetinger, der über seine Tätigkeit am Tübinger Stift auch zu den geistigen Vätern Hegels zu zählen ist.[9] Aber das Schicksal, Erbe theologischer Auffassungen und Begrifflichkeit zu sein, teilt die Hermeneutik mit dem Kritischen Rationalismus: ist doch einer der Grundbegriffe der empirisch-analytischen Konzeption, nämlich der Begriff des „Gesetzes" und die mit ihm verbundene ontologische Voraussetzung der Ordnung der Welt nach erkennbaren Prinzipien ein durch und durch theologischer Begriff, der über die politische Philosophie des 16. Jahrhunderts in die Naturwissenschaften einging. Gottes Herrschaft in der Welt zeigt sich in der gesetzlichen Ordnung derselben, zunächst der menschlichen Welt und dann auch der Natur. Wunder waren deswegen sehr verpönt. Man kann dies gut bei I. Newton verfolgen.[10] Es wäre ja auch sehr verwunderlich, wenn der Kritische Rationalismus als so extrem abendländische Form der Wissenschaft bzw. der Auseinandersetzung mit der Welt nicht in einem sehr starken Maße von der christlichen Theologie geprägt wäre. Typisch ist nur, daß der Kritische Rationalismus sich blind gegenüber diesen seinen Quellen stellt. Aber die Genesis eines Begriffes, Topos, einer Voraussetzung sollte doch wohl nicht ausschlaggebend sein für die Entscheidung über seine sachliche Gültigkeit.[11]

In der Sache selbst geht es um die Frage: ist der Gegenstand Mensch und menschliche Lebenswelt den übrigen Gegenständen der forscherischen Erkenntnis gleichzusetzen und ist dementsprechend der forscherische Zugang, der diesen Gegenständen angemessen ist, auch dem Menschen und seiner Lebenswelt adäquat. Da ist zunächst einmal festzustellen, daß die empirisch-analytischen Wissenschaften, so erfolgreich sie beim Gegenstand Natur im weitesten Sinne auch sein mögen, in bezug auf den Menschen und die vom Menschen hervorgebrachte Welt der Praxis, vor allem auch im Bereich der Erziehung, bisher nur wenig Ergebnisse aufzuweisen haben. W. Brezinka gibt für die Erziehungswissenschaft zu, daß man für einen solchen komplexen Gegenstand wie die Erziehung niemals zu realwissenschaftlich akzeptablen, vollständigen Theorien und Gesetzen gelangen könne.[12] H. Albert nennt alle bisher von der Realwissenschaft bereitgestellten sozialwissenschaftlichen Theorien „Quasi-Gesetze".[13] Die menschliche Lebenswelt, vor allem das Erziehungswesen, scheint doch auch für den Kritischen Rationalismus zumindest quantitativ anders zu sein, als die empirischen Raster darzustellen vermöchten.

Aber sie ist auch qualitativ anders. Während die übrige Natur in ihrem in Gesetzen aufweisbaren Sosein beharrt, gleichgültig ob der Mensch dieses Sosein entdeckt bzw. aufklärt oder nicht, bedeutet die Entdeckung menschlichen Soseins zugleich eine Stellungnahme des Menschen zu sich selbst, die niemals folgenlos bleiben kann. Wie der Mensch sich sieht, so behandelt er sich auch. Für Probleme, die sich auf die Erziehung und unsere Gesellschaft, auch auf uns naheliegenden Gesellschaften beziehen, ist dies leicht einzusehen. Aber auch die Beschäftigung mit einer sehr entfernten Kultur, die Erforschung unserer geschichtlichen Vergangenheit, die Entdeckung vielleicht eines paläanthropologischen „missing link" weist uns unmittelbar auf uns selbst als Menschen zurück. Was wir über jene scheinbar fernen Objekte aussagen, sagen wir auch über uns aus, betrifft Fragen, die sich auch uns stellen. Die Probleme, vor die sich heute die Ethologie, die sich ja als Naturwissenschaft im Sinne der empirisch-analytischen Konzeption versteht, im Streit von K. Lorenz und seiner zweiten Schülergeneration gestellt sieht, macht klar, wie sehr die Beschäftigung des Menschen mit sich selbst und seiner Lebenswelt abhängt von Fragen, die sich dem Menschen vor der empirischen Rasterung der Wirklichkeit stellen. Der Mensch ist dazu verdammt, das zu sein und zu werden, wozu er sich wissenschaftlich macht. Und darum ist eine empirische Rasterung des Menschen, mag sie auch noch so triftig sein, stets in Fragen eingebettet, die weit über sich hinaus auf das verweisen, was man Sinn nennt. Die Theologie sah den Menschen in seiner heilsgeschichtlichen Bezogenheit, maß Forschung über den Menschen an dem, was sie auch zur Klärung dieses Horizontes leistete, die Neuzeit ersetzte den heilsgeschichtlichen Vorentwurf durch andere vielfach absolut gesetzte Horizonte, heute haben wir einen Pluralismus von Horizonten; auch der Kritische Rationalismus mit seiner Konzeption der „offenen Gesellschaft" und dem „belief", daß sich in ihr die besseren – im Sinne von vernünftigeren, humaneren – Argumente letztlich doch durchsetzen, ist einer von ihnen.[14] Es bleibt der Umstand, daß der Mensch, wo immer er sich zum Gegenstand der Forschung macht, er dies tut in Hinsicht auf einen - geklärten oder blind vorausgesetzten – Sinnhorizont und in Hinsicht darauf, daß alles, was er erforscht, „praktisch" wirksam werden wird, das heißt: auf ihn zurückschlagen wird. Deswegen ist die „ontologische Zweiteilung" der Welt bis heute unbeschränkt notwendig und gültig – und man muß sie immer wieder berufen gegen jene, die uns weismachen wollen, wissenschaftlich gesehen sei der Mensch ein – zwar komplexes, aber eben – Ding unter anderen Dingen.

2. Gegen den „Holismus"

Der immer wieder vorgebrachte Hinweis der Hermeneutik, daß der Mensch und die menschliche Lebenswelt mehr sind als in den einzelne Variable isolierenden Rastern empirisch-analytischer Forschung eingefangen werden kann, und daß sich jedes einzelne empirische Datum auch vom Ganzen her bestimmt, wird vom Kritischen Rationalismus als „Holismus" – als ein unmögliches Unterfangen, Ganzheit im Sinne von Totalität zum Gegenstand der Forschung zu machen – entlarvt.[15] Die Hermeneutik sei hier der Zweideutigkeit ihres Ganzheitsbegriffes aufgesessen: „Es besteht eine fundamentale Zweideutigkeit im Begriff des Wortes ‚Ganzheit' in der neueren holistischen Literatur. Dieses Wort dient als Bezeichnung (a) der Gesamtheit aller Eigenschaften oder Aspekte einer Sache und insbesondere aller Relationen, die zwischen den sie konstituierenden Teilen bestehen und (b) besonderer Eigenschaften oder Aspekte der fraglichen Sache, nämlich jener, die sie als organisierte Struktur erscheinen lassen und nicht als ‚bloße Anhäufung'. Ganzheiten im Sinne (b) sind zum Gegenstand wissenschaftlicher Studien gemacht worden, vor allem von der sogenannten Gestaltspsychologie ... Die Tatsache, daß Ganzheiten im Sinne (b) wissenschaftlich studiert werden können, darf ... nicht zur Rechtfertigung der ganz anderen Behauptung, daß Ganzheiten im Sinne (a) auf diese Weise studiert werden können, ins Treffen geführt werden."[16] Ganzheiten im Sinne von Totalitäten könnten nicht zum Gegenstand irgendeiner menschlichen Tätigkeit gemacht werden: weder die Gesellschaft, noch gar die Gattung Mensch bzw. die Gattungsgeschichte.[17] Falsch sei auch das Vorgehen, das einzelne empirische Datum auf das vermutliche Ganze zurückzubeziehen. Dies ergebe eine Vermengung der Untersuchungsebenen, und es sei unfruchtbar, „die verschiedenen Aspekte von Problemen und die Ebenen der Argumentation in einer Totalität untergehen zu lassen, die zwar alles gleichzeitig umfaßt, aber auch dazu nötigt, alle Probleme gleichzeitig zu lösen. Ein solches Verfahren kann nur dazu führen, daß Probleme angedeutet, aber nicht mehr analysiert, Lösungen prätendiert, aber nicht mehr durchgeführt werden. Der dialektische Kult der totalen Vernunft ist zu anspruchsvoll, um sich mit ‚partikularen' Lösungen zu begnügen. Da es keine Lösungen gibt, die seinen Ansprüchen genügen, ist er genötigt, sich mit Andeutungen, Hinweisen und Metaphern zufrieden zu geben."[18] Gegen den hermeneutischen „Holismus" setzt der Kritische Rationalismus seine „Stückwerk-Technik", die sich darauf beschränkt, die einzelnen

Faktoren und Probleme, die empirisch erklärbar sind, schrittweise durch „kleine Eingriffe" zu verändern.[19] Auch W. Brezinka rügt an der „traditionellen Pädagogik", daß sie mit ihrem umfassenden Erkenntnisanspruch „allzu verschiedenartigen Zwecken zugleich zu dienen hatte, als daß es möglich gewesen wäre, jedem einzelnen davon gleich gut zu dienen."[20] Er schlägt „Arbeitsteilung und Spezialisierung" vor. „Eine empirische Wissenschaft von der Erziehung muß sich auf einen relativ begrenzten Gegenstandsbereich und darin auf jene Probleme beschränken, die mit empirisch-rationalen Methoden bearbeitet werden können."[21]

Daß die Hermeneutik alle einzelnen empirischen Data nur in Rückbezug auf ein vorausgesetztes Ganzes, das Sinnganze, wahr-nimmt, ist sicherlich richtig; darin besteht ja vor allem ihr Verfahren. Das empirische Datum der Wortverteilung zwischen Lehrer und Schülern im Unterricht z. B. ist rückbezogen auf die Unterrichtssituation als Ganzes, auf das Curriculum, auf die Institution, auf die Gesellschaft, letztlich auf die Frage nach dem Sinn von Erziehung und Menschsein schlechthin. Angebracht ist auch manchmal die Kritik, daß hermeneutische Ansätze über Totalitäten das einzelne Problem und Faktum aus dem Auge verlieren. Wenn etwa über das empirische Datum der Wortverteilung zwischen Lehrer und Schülern im Unterricht nur im Zusammenhang der „spätkapitalistischen Gesellschaft" gesprochen wird, ist das eigentlich in Frage Stehende verfehlt. Dennoch geht der „Holismus"-Einwand des Kritischen Rationalismus letztlich fehl, weil er auf einer logischen Analyse des Begriffs des Ganzen bzw. der Totalität beruht, der der hermeneutischen Konzeption des Ganzen nicht gerecht wird. Für den Kritischen Rationalismus ist das Ganze entweder ein in den Gestalttheorien behandeltes organisches Ganzes, also wiederum eine Einzelheit oder eine unüberschaubare Summation von Eigenschaften, Aspekten, Relationen usw. einer Sache, eben Totalität. Ein drittes gibt es da nicht – wenn die formale Logik als unhintergehbare Voraussetzung der wissenschaftlichen Arbeit akzeptiert wird. Aber ob sich auch die Wirklichkeit und die menschliche Lebenswelt dieser Logik fügen, ist eine ganz andere Frage. Hier zeigt sich nur zu oft, daß einander ausschließende Aspekte gerade die Einheit des untersuchten Gegenstandes ausmachen, und vor allem in der Erziehungswissenschaft haben diese scheinbaren Widersprüchlichkeiten seit Schleiermacher große Bedeutung.[22] So ist auch der hermeneutische Totalitätsbegriff, der im wesentlichen von G. W. F. Hegel ausgearbeitet wurde, ein dialektischer.[23] Einzelnes und Totalität stehen in einem

Bezug der gegenseitigen Bedingtheit. Das einzelne empirische Datum spiegelt das Ganze, dem es angehört, wider, und ebenso geht das Einzelne in der Konstitution des Ganzen auf. Am Verhältnis Individuum-Gesellschaft und am Vorgang der Sozialisation läßt sich diese Dialektik vielleicht noch am besten ablesen. „Die gesellschaftliche Totalität führt kein Eigenleben oberhalb des von ihr Zusammengefaßten, aus dem sie selbst besteht. Sie produziert und reproduziert sich durch ihre einzelnen Momente hindurch. Viele von diesen bewahren eine relative Selbständigkeit, welche die primitiven Gesellschaften sei es nicht kennen, sei es nicht dulden. So wenig aber jenes Ganze vom Leben, von der Kooperation und dem Antagonismus seiner Elemente abzusondern ist, so wenig kann irgendein Element auch bloß in seinem Funktionieren verstanden werden ohne Einsicht in das Ganze, das an der Bewegung des Einzelnen selbst sein Wesen hat. System und Einzelheit sind reziprok und nur in ihrer Reziprozität zu erkennen."[24] Die empirisch-analytische Konzeption, die die metatheoretische Entscheidung getroffen hat, daß in wissenschaftlichen Theorien nur das eingeht, was logisch und empirisch überprüfbar ist, muß die dialektische Struktur des Gegenstandes durch Analyse auflösen. Ihr wird das Ganze zum System, in dem die einzelnen Elemente in theoretisch aufweisbarer Relation zueinander stehen. Leider zeigt sich aber heute in allen Bereichen die Tücke des Objektes. Eingriffe in das scheinbar theoretisch ausgemachte System zeitigen in anderen Elementen und im Ganzen Folgen, die theoretisch gar nicht hätten auftreten dürfen. Gerade im Erziehungswesen treten jetzt die Folgen einer unhermeneutischen Bildungstechnologie – Planung ohne Sinnfrage – deutlich zutage. Die menschliche Lebenswelt ist eben etwas anderes als das, was sich in den Rastern empirischer Sozialforschung zeigt, sie ist ein Ganzes, das aber zugleich in dieser Ganzheit aus Elementen besteht, die sich je spezifisch mit ihr auseinandersetzen können. Kausalzusammenhänge verkürzen diese Struktur unzulänglich.

Nicht richtig ist der Einwand des Kritischen Rationalismus, daß der „holistische Ansatz" notwendigerweise zu nur auf das Ganze gerichteten Maßnahmen der Hermeneutik führe im Unterschied zur „Stückwerk-Technik" der empirischen Wissenschaften. Es kann in der Hermeneutik dieses Mißverständnis des Totalitätsbegriffes, daß man glaubt, das Ganze wissenschaftlich in den Griff nehmen zu müssen und zu bekommen, durchaus geben. Aber das ist eine Fehlform hermeneutischen Ganzheitsdenkens, die vermutlich durch Einflüsse der empirisch-analytischen Konzeption entstanden ist. Hermeneutischer „Holismus" meint zunächst nur, daß man das empirische Datum nicht isolieren darf, daß man auch die Qualität des Ganzen in ihm respektieren muß. Wo nun aber Hermeneutik diese Dialektik unterbricht, wo der Hebel praktischer Konsequenzen wissenschaftlicher Forschung angesetzt wird, dafür gibt es kein absolutes Kriterium. Das ist auch eine zweitrangige Frage, das Wesentliche ist: daß im Handeln das Ganze nicht aus dem Blick gerät. Und das hat sich ja wohl gezeigt, daß gerade die Hermeneutik darin praxisnäher als die empirisch-analytische Konzeption ist. (Vgl. Kap. V)

3. Gegen die Aufhebung des forscherischen Subjekt-Objekt-Dualismus

Die hermeneutische Konzeption der Ganzheit hat die Einsicht zur Folge, „daß der von Subjekten veranstaltete Forschungsprozeß dem objektiven Zusammenhang, der erkannt werden soll, durch die Akte des Erkennens hindurch selber zugehört."[25]. Die Hermeneutik hält die Anschauung für naiv, nach der sich ein forscherisches Subjekt gleichsam frei ein Objekt wählen könne, um es mit wissenschaftlichen Methoden zu bearbeiten. Für sie stehen Subjekt und Objekt in einem beide bedingenden Horizont, der vor allem geschichtlich und durch Sprache geprägt ist; als ihre Aufgabe erscheint ihr, das aufzuarbeiten, „was sonst hinter meinem Rücken geschieht."[26]

Der Kritische Rationalismus lehnt die hermeneutische Aufhebung des Subjekt-Objekt-Dualismus als irreal ab. Wenn sich einer mit einem Gegenstand beschäftige, mache er diesen zu seinem Objekt, er selbst sei das Subjekt. Der Anspruch, auch noch den beide bedingenden Horizont zu reflektieren, sei ein „Mythos der totalen Vernunft"[27] und gehe auf Kosten der intersubjektiven Überprüfbarkeit des untersuchten Gegenstandes; er diene dazu, mangelnde Untersuchungsergebnisse zu kaschieren: „Nun ist die bei Vertretern der hermeneutischen Philosophie immer wieder auftretende Auffassung, man könne oder solle irgendwelche Zusammenhänge . . . nicht ‚zum Gegenstand machen' oder ‚objektivieren', eine Vorstellung, die meist mit dem Streben nach Überwindung der sogenannten Subjekt-Objekt-Spaltung verbunden ist, schon insofern naiv, als diese Theoretiker, wenn sie Aussagen irgendwelcher Art machen wollen, selbst laufend gezwungen sind, ‚über' etwas zu sprechen und damit solche ‚Objektivierungen' vorzunehmen. Der Anspruch, Wahrheiten zu vermitteln, ohne daß eine solche Objektivierung stattfindet, beruht vermutlich auf einem gründlichen Mißverständnis der Leistungen der menschlichen Sprache, die sich von tierischen Kommunikationsmitteln gerade dadurch unterscheidet, daß sie die Darstellung von Sachverhalten und darüber hinaus die Argumentation erlaubt. Auch die Hermeneutiker bedienen sich der Sprache, um über etwas zu reden und zu argumentieren, nehmen also teil an dieser Subjekt-Objekt-Spaltung, deren Dramatisierung leider viel Konfusion auch hinsichtlich methodischer Fragen hervorgerufen hat."[28]

Unleugbar macht ein Forscher, wenn er sich mit etwas beschäftigt, diesen Gegenstand zu seinem Objekt und sich damit zum Subjekt der Tätigkeit. Aber es geht nun ja darum, was für Faktoren in dieser Tätigkeit eine Rolle spielen, worauf sich die Kontrolle des Forschers bezieht und was ausgeblendet wird. Für die empirisch-analytische Konzeption beschränkt sich die forscherische Selbstkontrolle auf das Methodische: vor allem die Forderung nach intersubjektiver Überprüfung muß erfüllt sein. Die Hermeneutik behauptet, daß der Forscher schon im Auffinden eines Problems nicht von Willkürlichkeit oder nur von psychologischen Gesetzen geleitet ist, sondern daß über das Subjektive hinaus noch ein objektiver Zusammenhang vor allem geschichtlicher Art – nenne man ihn gesellschaftlichen Zusammenhang oder Lebenswelt oder auch Tradition – das erkennende Subjekt mit bestimmt, ja sogar konstituiert. Der Zusammenhang übergreift Subjekt und Objekt, hebt beide in sich auf. Es ist ja wohl kein Zufall, daß sich verschiedenen Gesellschaften ganz verschiedene Probleme auftun und daß etwa Fragen, die Forscher an historische Quellen stellen, zu verschiedenen Zeiten ganz verschieden formuliert werden.[29] Nun könnte man wieder sagen, das mag ja für Probleme innerhalb der Tradition einer Gesellschaft gelten, aber nicht mehr für total abgelegene Gegenstände, etwa eine beinahe vergangene Kultur, wie die der nordamerikanischen Zuni-Indians. Aber gerade dieses Argument zeigt doch die Bedingtheit von Subjekt und Objekt forscherischer Tätigkeit: was mußte nicht alles an Bedingungen erfüllt sein, damit die Zuni-Indians-Kultur Gegenstand forscherischer Interessen französischer oder deutscher Wissenschaftler werden konnte.

Die Einsicht, wie unendlich viel an Tradition und gesellschaftlicher Bedingtheit in der scheinbar freien Objektwahl eines forscherischen Subjektes steckt, bedeutet für die Hermeneutik keineswegs, das alles – nach welchen Wertmaßstäben auch immer – zu akzeptieren. Es bedeutet aber, das Reflektierte als für die eigene Existenz bedeutsam in Rechnung zu stellen und somit in der Reflexion das zu thematisieren, was sonst „im Rücken" wirkte. Und wenn H. Albert unterstellt, H.-G. Gadamer vertrete in seiner Lehre von der Vorurteilsstruktur und der Traditionsgebundenheit unserer Erkenntnis die These, „daß man kein positives Verhältnis zu Überlieferungen habe könne, die man in methodischer Distanz zum Gegenstand einer kritischen Analyse gemacht hat",[30] so ist das böswillige Polemik, geht es H.-G. Gadamer doch gerade um den Hinweis, daß man Vorurteile, Traditionen usw. überhaupt erst dann als Autorität akzeptieren kann, wenn man sich – wie vorläufig auch immer – kritisch mit ihrem Anspruch auseinandergesetzt hat: diese Auseinandersetzung als Bestandteil forscherischer Tätigkeit steht in Frage, nicht die Akzeptierung.

Der Standpunkt des Kritischen Rationalismus in der Frage des Subjekt-Objekt-Verhältnisses – ein Subjekt kann sein frei gewähltes Objekt mit bestimmten Methoden behandeln – spiegelt sich auch in seiner Auffassung von Sprache, die letztlich die Grundlage aller theoretischen Erkenntnisse und Argumente bildet, wider. Für ihn ist Sprache ein Instrument, das das forscherische Subjekt wie das untersuchte Objekt handhaben kann.[31] Demgegenüber versuchen Kommunikationstheorie und Sprachtheorie nicht-analytischer Provenienz den Nachweis, daß Sprache bzw. Sprachlichkeit Grundlage jeglicher Wahrnehmung und allen Denkens ist. „Sein, das verstanden werden kann, ist Sprache."[32] Zwar weist H.-G. Gadamer ausdrücklich darauf hin: „Sprache ist nicht das endlich gefundene anonyme Subjekt aller gesellschaftlich-geschichtlichen Prozesse und Handlungen."[33] Aber genau das bedeutet auch, daß Sprache „der Wahrnehmung und dem Denken ein vorgeprägtes Raster aufzwingt, eine immer schon im voraus gestaltete Sicht der Wirklichkeit, so daß die ‚subjektive' Wirklichkeit mit der ‚Sprachwirklichkeit' in hohem Maße korreliert."[34] Wenn die Hermeneutik sagt, daß sich das forscherische Subjekt und das erforschte Objekt in einem gemeinsamen Horizont bewegen, so bedeutet das auch, daß dieser Horizont wesentlich – aber nicht allein – sprachlich geprägt ist. Hier liegt mit ein Grund dafür, daß die Hermeneutik so viel Wert auf die Erfassung einer Sache im Begriff, eben auf das „Auf-den-Begriff-bringen" legt: im Begriff fallen die an der forscherischen Tätigkeit beteiligten Dimensionen in der Sprache als Grundlage zusammen.

4. Gegen den „Essentialismus" und „Neo-Idealismus"

Das Bestreben der Hermeneutik, den erforschten Gegenstand auf den Begriff zu bringen, wird von dem Kritischen Rationalismus als „Relikt des vorgalileischen Denkstils"[35] und „Essentialismus" beurteilt. Während der Fortschrittt der Naturwissenschaften in der Neuzeit gerade damit begonnen habe, daß man nicht mehr nach dem im Begriff gefaßten Wesen eines Dinges gefragt habe, sondern nach dem Verhalten der Dinge und ihrem Verhältnis zueinander, bestehe die Hermeneutik im „Essentialismus" auf Erkenntnisgewinn durch vor allem Explikation von Begriffen, denen im Sinne der Position des „Realismus" im mittelalterlichen Universalienstreit[36] eine wahrhafte Wesenhaftigkeit zugeschrieben würde. „Die methodologischen Essentialisten haben die Neigung, wissenschaftliche Fragen so zu formulieren: Was ist Materie? Was ist Kraft? Was ist Gerechtigkeit? Und sie glauben, daß eine gründliche Beantwortung solcher Fragen, die die wahre und wesentliche Bedeutung dieser Begriffe und damit die wahre Natur der durch sie bezeichneten Essenzen enthüllt, zumindest eine notwendige Voraussetzung wissenschaftlicher Forschung, wenn nicht überhaupt deren Hauptaufgabe ist. Im Gegensatz dazu würden methodologische Nominalisten ihre Probleme so formulieren: Wie verhält sich dieses Stück Materie? Wie bewegt es sich in der Nachbarschaft anderer Körper? Denn nach Ansicht der methodologischen Nominalisten besteht die Aufgabe der Wissenschaft nur in der Beschreibung des Verhaltens der Dinge, und zu dieser gelangt man am besten dadurch, daß man, wo immer es nötig ist, ohne Scheu neue Begriffe einführt oder die alten Termini neu definiert, ohne im geringsten auf ihre ursprüngliche Bedeutung Rücksicht zu nehmen. Denn die methodologischen Nominalisten betrachten Worte nur als zur Beschreibung nützliche Instrumente. Die meisten werden zugeben, daß der methodologische Nominalismus in den Naturwissenschaften die Oberhand behalten hat."[37]

Der „Essentialismus" führt nach Auffassung des Kritischen Rationalismus zumeist zum Idealismus und in der modernen Hermeneutik M. Heideggers und H.-G. Gadamers zum „Neo-Idealismus". „Transzendentalphilosophische Bemühungen dieser Art pflegen nicht selten auf die Notwendigkeit einer Letztbegründung aller Erkenntnis zurückzugehen."[38] Und wenn man im Begriff das Wesen der Dinge sehe, Erkenntnisgewinn durch begriffliche Explikationen anstrebe, dann gelange man sehr schnell zur Sprache als letztbegründendem Horizont, mache alle Erkenntnis letztlich in ihr fest. Diese Art der Erkenntnissicherung und begrifflichen Verortung einer Sache unterscheide sich nur unwesentlich vom theologischen Absolutismus der Vor-Neuzeit und vom Idealismus des 19. Jahrhunderts, vor allem Hegels. „Wie in der Geschichtsphilosophie des 19. Jahrhunderts das Absolute, der Geist oder die Geschichte an die Stelle

Gottes getreten sind, so nimmt in dieser neuen Version des Idealismus nun die Sprache diesen Platz ein."[39] Der „hermeneutische Neo-Idealismus" setze also letztlich die unwissenschaftliche Tradition vorneuzeitlicher Jahrhunderte fort, er ignoriere den Fortschritt, den die Wissenschaften zu Beginn der Neuzeit, vor allem in der Aufklärung gemacht hätten. „Der deutsche Geist hat sich mit der Aufklärung nie besonders anfreunden können. Er hat in der Romantik und im deutschen Idealismus seine Gegentendenzen zur Geltung gebracht, und er scheint auch in philosophischen Strömungen, die sich selbst als kritisch und darüber hinaus mitunter als revolutionär auffassen und diese Selbstauffassung durch ein entsprechendes politisches Engagement unter Beweis zu stellen suchen, eher noch seinem theologischen Erbe verpflichtet zu sein als jener Tradition des kritischen Denkens, die in der griechischen Antike entsprungen ist und nach langer theologischer Pseudomorphose seit der Renaissance wieder zunehmend an Einfluß gewonnen und Wirkungen auf alle Lebensbereiche gezeitigt hat."[40]

Der Tatbestand, daß die Hermeneutik der begrifflichen Explikation große Bedeutung für Erkenntnisgewinn beimißt und daß der Sprache eine ontologische Stellung zugewiesen wird, ist von dem Kritischen Rationalismus richtig erkannt. Übertrieben sind die Schlüsse, die daraus gezogen werden. Zugegebenermaßen liegt es nahe, daß, wenn man von der Sprachgebundenheit menschlichen Seins ausgeht, man schnell dazu kommen kann, im Begriff das eigentliche Wesen der Dinge aufgehoben zu sehen und somit Wesenserkenntnis und begriffliche Explikation zu verbinden, also im klassischen Universalienstreit des Mittelalters die Position des „nomina sunt ante rem" zu übernehmen. Aber das muß nicht notwendigerweise so sein. Hermeneutik kann genauso gut die Position des „nomina sunt post rem" einnehmen: die Begriffe sind nur Konstruktionen, Sinngebilde, mit denen der Mensch den zu erforschenden Gegenstand adäquat zu fassen versucht. Sie kann durchaus soweit gehen, in den in Begriffen aufgewiesenen Zusammenhängen nur eine Ordnungsstruktur zu sehen, die vom erkennenden Subjekt an den Gegenstand angelegt wird. Wesentlich für die Hermeneutik ist nur die dabei immer gemachte Voraussetzung, daß sich Gegenstände durch Sinn erschließen lassen und daß die Forschergemeinschaft durch Sinnkonstitution über Gegenstände so kommunizieren kann, daß darin ein Mehr an Wissen über die Welt liegt.

Auch der Einwand, daß die Hermeneutik in ihrer ontologischen Auffassung der Sprache einem „Neo-Idealismus" fröne, ist – in dieser Allgemeinheit ausgesprochen – unrichtig. Zunächst ist einmal zu entgegnen, daß Hermeneutik ohne Letztbegründung ihrer Ergebnisse auskommt. H. Albert wirft ihr ja selber verschiedentlich eine positivistische Haltung vor – „hermeneutischer Positivismus"[41] –, weil die Hermeneutik sich auf das unmittelbar Gegebene – nicht sensualistisch, sondern in Sinnzusammenhängen gegeben – beschränke. Die Sinnkonstitution kann je nach der Intention und dem Vorverständnis des Forschers auf jeder Ebene abgebrochen werden. Sie bedarf keiner letzten, sie tragenden Begründung, sie lebt aus der Zustimmung der Forschergemeinschaft. Natürlich kann die Sinnkonstitution bis zu den scheinbar letzten Fragen menschlichen Seins und dem Sinn von Erziehung schlechthin vorstoßen, aber nur weil dies für die Konstitution von Sinnzusammenhängen für relevant angesehen wird, aber nicht, um den Sinnzusammenhängen eine Letztbegründung, ein Fundament der Erkenntnis, zu geben. Begründung im Sinne der hermeneutischen Sinnkonstitution heißt immer nur: Argumente für diese Konstitution eines Sinnzusammenhanges zu bringen. Eine Letztbegründung gibt es nicht. Ein Verfahren, das wie die Hermeneutik darauf angelegt ist, „das Gespräch, das wir sind"[42], zum Erkenntnisgewinn in Gang zu bringen, ist im Unterschied zu deduktiven Verfahren auf eine Letztbegründung der Erkenntnis nicht angewiesen. Die Einsicht der Hermeneutik in die Geschichtlichkeit menschlichen Seins und menschlicher Erkenntnis läßt eine solche Fragestellung gar nicht zu. Hier haben K. Popper und H. Albert Probleme ihrer Wissenschaftskonzeption auf die Hermeneutik übertragen. Auch hier gilt also: Hermeneutik kann idealistisch ausgelegt sein, aber sie ist es nicht notwendigerweise.

Die Hermeneutik als vorneuzeitlich konservativ zu entlarven, ist zwar eigentlich ein Argument, das sich schon dadurch relativiert, daß umgekehrt auch dem Kritischen Rationalismus von der Kritischen Theorie Konservativismus vorgeworfen wird, aber es soll dennoch ernst genommen werden. Ja, die Hermeneutik ist konservativ. Sie geht davon aus, daß vieles, was uns als handhabbar und mit freigewählten Instrumenten behandelbar erscheint, hinter unserem Rücken uns mit bestimmt, ja mit konstituiert. Sie will die Traditionen, in denen wir leben, forschen und wirken, einholen, damit sie nicht blind über uns bestimmen. Sie akzeptiert die Traditionen – wie ihr vielfach vorgeworfen wird – nicht ohne weiteres, aber sie verlangt die Auseinandersetzung mit ihnen, weil wir ihnen angehören und weil unsere Zukunft, um die es uns geht, in ihnen begründet ist. Wollen wir eine Zukunft haben, müssen wir unseren Traditionen in ihrer Wirksamkeit gerecht werden. Es ist dies „nicht der Konservativismus ... jener Generation eines Burke"[43], wie man H.-G. Gadamer vorwarf, sondern der Generation eines Gadamer, „die drei große Umbrüche der deutschen Geschichte hinter sich hat, ohne daß es je zu einer Erschütterung der bestehenden Gesellschaftsordnung gekommen wäre"[44] und – so möchte man hinzufügen – einer Generation, die die Ideologie der Nachkriegszeit einer unbegrenzten Machbarkeit, auch der gesellschaftlichen Verhältnisse und der Erziehung, und ihre Folgen mit erlebt hat und nun durch den Zwang der Verhältnisse wieder die Augen für die Condition humaine, die anderes ist als ein kritisch-rationales Explanandum, geöffnet bekommt.

5. Gegen den „Subjektivismus" als Methode

Daß das Verstehen und damit die Hermeneutik so sehr vom jeweils erkennenden Individuum, seinen Intentionen, seiner Fragestellung und seinem Vorverständnis abhängt und daß dieses Individuum im Forschungsakt mit thematisiert werden muß, hat der Kritische Rationalismus als „Subjektivismus" der Hermeneutik ausgemacht. Dieser Einwand sei um so angebrachter, „weil man bis in die letzte Zeit kaum je Versuche gefunden hat, die Logik dieses Verfahrens, das in verschiedenster Weise bezeichnet und beschrieben wurde – als Nacherleben, Nachvollzug, Hineinversetzen, Einfühlung, Auslegung usw. – so zu rekonstruieren, daß man in der Lage gewesen wäre zu sehen, inwiefern es überhaupt als Alternative zum Erklären zu betrachten ist und in Betracht komme."[45] Daß es so etwas wie Verstehen im Alltagsleben gebe, wird nicht bestritten, aber daß das als wissenschaftliches Verfahren brauchbar, in manchem sogar besser sei als das empirisch-analytische Verfahren, wird entschieden abgeleugnet. Allenfalls „in der Heuristik" sei es anzusiedeln.[46] Für den Entstehungszusammenhang einer Theorie gilt dem Kritischen Rationalismus ja sowieso „uneingeschränkte Toleranz."[47] Aber im Begründungszusammenhang gilt nur die empirische Überprüfung als zulässig. „Es steht außer Zweifel, daß das ‚Verstehen' in den Kultur- und Sozialwissenschaften unerläßlich ist, um den vermutlichen Sinn menschlicher Handlungen und Werke zu erfassen. Daraus folgt jedoch nicht, daß die intersubjektive Nachprüfung der durch ‚Verstehen' zustandegekommenen Behauptungen überflüssig wäre. Der ‚Verstehende' kann sich irren; er kann das, was er zu verstehen meint, falsch deuten. Das Verstehen des Sinnes einer Handlung oder irgendeiner anderen psychischen Objektivation ergibt ‚stets lediglich eine zum Zwecke der Deutung vorgenommene Hypothese, die prinzipiell immer der empirischen Verifizierung bedarf'."[48] Ziel der empirsch-analytischen Konzeption sei eine Wissenschaft vom menschlichen Verhalten, die ausschließlich aus empirisch überprüften Theorien bestünde und die in der Lage sei, auch das, was man Verstehen nennt, zu erklären.[49]

Auf den Subjektivismusvorwurf wurde ja schon oben (Kap. I 5) eingegangen. Daß sich das erkennende Subjekt als solches in den Forschungsakt einbezieht, kann man durchaus als „Subjektivismus" bezeichnen. Das Wesentliche aber daran ist, daß das Ergebnis dadurch seinem Gegenstand angemessener wird, als wenn alles über den Leisten einer absolut gesetzten Methode empirischer Überprüfung gespannt wird. Die empirisch-analytische Wissenschaftskonzeption überträgt im Subjektivismusvorwurf ihr Ideal einer ungeschichtliche und immer gültige Ergebnisse aufweisenden Wissenschaft auf die Hermeneutik und ihren Gegenstand. Hermeneutik aber hat dergleichen Ziele überhaupt nicht. Natürlich können hermeneutische Forschungsergebnisse auch subjektiv gefärbt sein; aber das wird dadurch aufgehoben, daß hermeneutische Ergebnisse ja niemals mit Absolutheitsanspruch auftreten, sondern stets als eine Aufforderung, durch ein Besser-verstehen abgelöst zu werden. Bestünde der Anspruch, ein für alle Male gültige Ergebnisse darzustellen, dann könnte auch der Vorwurf des Subjektivismus eine Grundlage haben. Hermeneutik aber besteht im wesentlichen aus einer Dynamik des Immer-wieder-neu-Fragens, die alle Subjektivität in sich aufhebt und ausgleicht. Daß die empirisch-analytische Konzeption glaubt, eines Tages eine das menschliche Verhalten empirisch erklärbare Wissenschaft zu sein, ist so lange ein schöner Glaube, als nicht nachgewiesen ist, daß dieser Zugang zum Gegenstand angemessener ist als die Hermeneutik. (Vgl. Kap. II)

VII Ideologiekritik contra Traditionsgebundenheit der Erkenntnis – der Hermeneutikstreit

Die Einwände der Kritischen Theorie gegen die Hermeneutik und die Repliken von H.-G. Gadamer führten zu dem in dem Sammelband „Hermeneutik und Ideologiekritik"[1] dokumentierten Hermeneutikstreit. Vor allem J. Habermas, der noch im „Positivismusstreit in der deutschen Soziologie"[2] die Leistung der Hermeneutik als Verfahren der Sozialwissenschaften gegen den Methodenmonismus der empirisch-analytischen Konzeption zur Geltung gebracht hatte, bemühte sich nun, die Grenzen der Hermeneutik und die Notwendigkeit ihrer Einbettung in Ideologiekritik zu beweisen. In der Erziehungswissenschaft waren es vor allem W. Klafki[3], W. Lempert[4] und K. Mollenhauer[5], die Konsequenzen für die pädagogische Theoriebildung zogen.

1. Gegen die Vorverständnisstruktur der Erkenntnis

Der Nachweis der Hermeneutik, daß in aller Erkenntnis das erkennende Subjekt in einem Horizont von Traditionen eingebettet ist, dem es nicht entgehen kann und der als Vorverständnis wesentlich mit zu seiner Sicht des untersuchten Gegenstandes beiträgt, wird nach Ansicht von J. Habermas zu einer hermeneutischen Ontologisierung der Tradition. Wenn H.-G. Gadamer sage: „Das Verstehen ist selber nicht so sehr als eine Handlung der Subjektivität zu denken, sondern als Einrücken in ein Überlieferungsgeschehen, in dem sich Vergangenheit und Gegenwart beständig vermitteln"[6], dann drücke sich darin die Tendenz aus, das erkennende Subjekt zu entmündigen, es vermeintlich objektiven, gleichsam naturwüchsigen Zwängen anheimzugeben, deren es sich in Wahrheit ermächtigen könne und sogar ermächtigen müsse, um erkenntnis- und handlungsfähig zu bleiben. „Gadamer sieht die fortlebenden Traditionen und die hermeneutische Forschung zu einem einzigen Punkt verschmolzen. Dem steht die Einsicht entgegen, daß die reflektierte Aneignung der Tradition die naturwüchsige Substanz der Überlieferung bricht und die Stellung der Subjekte in ihr verändert . . . Aus der strukturellen Zugehörigkeit des Verstehens zu Traditionen folgt nicht, daß sich das Medium der Überlieferung durch wissenschaftliche

Reflexion nicht tiefgreifend verwandelte ... Gadamer verkennt die Kraft der Reflexion, die sich im Verstehen entfaltet."[7] Gegen die Vorverständnisstruktur der Erkenntnis setzt J. Habermas also die befreiende Kraft kritischer Reflexion, die das Traditionsgeschehen als eine Möglichkeit unter anderen relativiere und ihm so seine „dogmatische Gewalt" nehme.

Von der Hermeneutik ist hierauf zunächst einmal das zu entgegnen, was auch schon dem Kritischen Rationalismus entgegengehalten werden mußte, daß nämlich der Aufweis, wie sehr unsere Erkenntnis von den Traditionen, in denen wir stehen, mit bestimmt wird, nicht eo ipso die Anerkennung derselben bedeutet. Tradition muß stets mit anderen Möglichkeiten konfrontiert und eventuell verworfen werden, aber das ändert nichts an dem Umstand, daß sie den Anerkennenden oder Verwerfenden in jedem Augenblick seiner Tätigkeit auch beeinflußt. Wenn Habermas das so interpretiert: „Die Hermeneutik stößt gleichsam von innen an die Wände des Traditionszusammenhanges"[8], dann ist das insofern richtig, als es einen Tatbestand beschreibt, aber nicht richtig, wenn dies der Hermeneutik als „Verabsolutierung kultureller Überlieferung" ausgelegt wird.

Für die Klarstellung der hermeneutischen Auffassung des Vorverständnisses jeglicher Erkenntnis ist aber auch die Replik von H.-G. Gadamer wichtig, daß der von J. Habermas als Korrektivfunktion gegen die von der Hermeneutik konstatierte Traditionsgebundenheit des Verstehens berufene „Begriff der Reflexion und Bewußtmachung ... dogmatisch vorbelastet" erscheint.[9] J. Habermas will, daß sich das erkennende Subjekt mit den Traditionen, die es bestimmt, kritisch auseinandersetzt und sie so verwandelt. Was nicht vor dem Richterspruch einer kritischen Reflexion bestehen könne, das müsse verworfen werden. Aber genau da beginnt das Problem: was sind die Kriterien des Richterspruches und wie werden sie gewonnen? Vermag das reflektierende Subjekt eine Position außerhalb der es tragenden Traditionen einzunehmen? Diese Frage muß nach hermeneutischer Einsicht verneint werden. Es widerspricht der Einsicht in die Endlichkeit und Vorläufigkeit menschlicher Erkenntnis, wenn man glaubt, gleichsam mit einem absoluten Bewußtsein Kriterien zur Beurteilung des erkenntnistheoretischen Gesamtgeschehens entwickeln zu können. Der lange Arm der Traditionen hat bisher noch jeden Kritiker – zumindest über die Kriterien seiner Kritik – immer wieder eingeholt. Gerade der Kritischen Theorie von Habermas wird das ja in vielen Einzelfragen nachgewiesen.

Wenn J. Habermas etwa die Kriterien der Kritik aus einem geschichtsphilosophischen Entwurf in praktischer Absicht gewinnen will[10], also aus einem rückblickenden Verständnis von Geschichte mit der ausdrücklichen Absicht, die Gegenwart im Sinne der Idee des vernünftigen und guten Lebens zu leiten, so mag das durchaus angehen – wenngleich sich dieses Verfahren Kritik von anderen Voraussetzungen aus gefallen lassen muß –, aber das, was in der hermeneutischen Selbstbesinnung auf die Traditionsgebundenheit des Verstehens thematisiert wird, liegt doch gerade auch hinter diesem Verfahren der Kriteriengewinnung. Wer sich mit der Vergangenheit in geschichtsphilosophischer Absicht beschäftigt, darf sich durchaus wie der ‚letzte Historiker' vorkommen, dem sich alles offenbart, dennoch ist seine Sicht der Dinge stets durch das alles vorher Geschehene unauflösbar mit geleitet. So kann die Hermeneutik gerade in diesem Entwurf einer auf die Idee des guten Lebens abzielende Geschichtsphilosophie den Nachweis führen, wieviel an abendländischer Tradition in ihn eingegangen ist. Auch kritische Reflexion lebt von den Quellen, die sie kritisch zu reflektieren bemüht ist. Die Hermeneutik kann und darf kritische Reflexion nicht außer Kraft setzen, aber umgekehrt vermag die kritische Reflexion keineswegs die Vorverständnisgebundenheit des Denkens und Erkennens, die die Hermeneutik beruft, aufzuheben.

2. Gegen den „Idealismus der Sprachlichkeit"

Die mögliche Aufhebung der sprachlich tradierten Gehalte, die das Verstehen und Erkennen mit bestimmten, durch kritische Reflexion ist für J. Habermas insofern besonders wichtig, als nach seinem Verständnis auch Gewaltverhältnisse, Verhältnisse, die der Idee eines humanen Lebens entgegenstehen, tradiert würden. Ja, das Eigentliche der Überlieferung seien gerade die gesellschaftlichen Grundlagen, Sprache sei nur ein Vehikel derselben und kritische Reflexion habe die Aufgabe, durch die Sprache hindurch, über das hermeneutische Verstehen hinaus zu dem zu stoßen, was die menschliche Lebenswelt ausmacht. „Sprache als Tradition ist offenbar ihrerseits abhängig von gesellschaftlichen Prozessen . . . Sprache ist a u c h (kursiv von J. Habermas) ein Medium von Herrschaft und sozialer Macht. Sie dient der Legitimation von Beziehungen organisierter Gewalt. Soweit die Legitimationen das Gewaltverhältnis, dessen Institutionaliserung sie ermöglichen, nicht aussprechen, soweit dieses in den Legitimationen sich nur ausdrückt, ist Sprache auch ideologisch. Darum handelt es sich nicht um Täuschungen in einer Sprache, sondern um Täuschung mit Sprache als solcher. Die hermeneutische Erfahrung, die auf eine solche Abhängigkeit des symbolischen Zusammenhangs von faktischen Verhältnissen stößt, geht in Ideologiekritik über."[11]

Die Hermeneutik jedoch, die in der Ebene der Sprachlichkeit stehen bleibe, sei einem „Idealismus der Sprachlichkeit" verfallen und habe „gesellschaftliche Prozesse ganz zu kultureller Überlieferung sublimiert."[12] Das sei aber sozusagen nur ein halbiertes Verstehen, denn die menschliche Lebenswelt fundiere auf mehr als nur rein sprachlichen Quellen. „Der objektive Zusammenhang, aus dem soziale Handlungen allein begriffen werden können, konstituiert sich aus Arbeit, Sprache und Herrschaft zumal. An Systemen der Arbeit wie der Herrschaft relativiert sich das Überlieferungsgeschehen, das nur einer verselbständigten Hermeneutik als absolute Macht entgegentritt."[13]

H.-G. Gadamers Replik macht deutlich, daß J. Habermas in seiner Hermeneutik-Kritik seiner eigenen, schon in seiner Antrittsvorlesung „Erkenntnis und Interesse" vorgetragenen Sprachauffassung aufgesessen ist. Sprache ist für J. Habermas zwar geradezu ein unübersteigbares Anthropologicum: „Die spezifischen Gesichtspunkte, unter denen wir die Wirklichkeit transzendental notwendig auffassen, legen drei Kategorien möglichen Wissens fest: Informationen, die unsere technische Verfügungsgewalt erweitern; Interpretationen, die eine Orientierung des Handelns unter gemeinsamen Traditionen ermöglichen; und Analysen, die das Bewußtsein aus der Abhängigkeit von hypostasierten Gewalten lösen. Jene Gesichtspunkte entspringen dem Interessenzusammenhang einer Gattung, die von Haus aus an bestimmte Medien der Vergesellschaftung gebunden ist: an Arbeit, Sprache und Herrschaft. Die Menschengattung sichert ihre Existenz in Systemen gesellschaftlicher Arbeit und gewaltsamer Selbstbehauptung; durch ein traditionsvermitteltes Zusammenleben in umgangssprachlicher Kommunikation; und schließlich mit Hilfe von Ich-Identitäten, die das Bewußtsein des einzelnen im Verhältnis zu den Normen der Gruppe auf jede Stufe der Individuierung von neuem befestigen."[14] Aber Sprache ist ihm eben nur ein anthropologischer Aspekt neben den beiden anderen Arbeit und Herrschaft. Wenn H.-G. Gadamer Verstehen und Erkenntnis in sprachlich vermittelter Tradition, in der das forscherische Subjekt steht, festmacht, dann ist J. Habermas gezwungen, die Sprache zu hintergehen, in der Ideologiekritik auf die scheinbar wirklich bestimmenden Faktoren bei der Erkenntnis der menschlichen Lebenswelt zu stoßen. Die sich auf sprachlich vermittelte Tradition berufende Hermeneutik sei eine „traurige Ohnmacht angesichts des Ganzen des gesellschaftlichen Lebenszusammenhanges."[15] J. Habermas will neben dem sprachlichen Zugang zur menschlichen Lebenswelt auch einen Zugang gewinnen, der den anderen anthropologischen Aspekten angemessen ist. Der Irrtum liegt nach H.-G. Gadamer darin, daß J. Habermas Sprache auf derselben Ebene ansiedelt wie Arbeit und Herrschaft. Sprache ist nicht ein „anthropologisches Medium" unter anderen, sondern sie ist ein universelles Medium des Weltverstehens, in dem auch Arbeit und Herrschaft aufgehoben werden können. „Es verkürzt die Universalität der hermeneutischen Dimension, wenn ein Bereich des verständlichen Sinnes (‚kulturelle Überlieferung') gegen andere, lediglich als Realfaktoren erkennbare Determinanten der gesellschaftlichen Wirklichkeit abgegrenzt wird. Als ob nicht gerade jede Ideologie als ein sprachlich falsches Bewußtsein, sich nicht nur als verständlicher Sinn gäbe, sondern gerade auch in ihrem ‚wahren' Sinn, z. B. dem des Interesses der Herrschaft, verstanden werden kann."[16] H.-G. Gadamer erscheint es „absurd, daß die realen Faktoren von Arbeit und Herrschaft" außerhalb der Grenzen der Sprache liegen sollen.[17]

Die anthropologische Sonderstellung der Sprache, die sich auch schon im mehrfach zitierten Satz von H.-G. Gadamer „Sein, das verstanden werden kann, ist Sprache" ausdrückt, bedeutet nicht, daß die realen Faktoren der menschlichen Lebenswelt deswegen durch die Hermeneutik entwertet würden, daß es also tatsächlich einen hermeneutischen „Idealismus der Sprachlichkeit" gebe, sondern sie bedeutet, daß alles, was sich in der Welt tut, vom Menschen sprachlich in seine eigene Welt eingeholt wird, bzw. daß der Mensch stets bemüht ist, dies zu tun. Sprache ist das universale Medium, durch das wir uns die Welt zu eigen machen. Aber deswegen ist die Sprache nicht nur ein Instrument, sondern etwas, das auch hinter dem Menschen sich abspielt, ihn gleichsam mit trägt. „Sprache ist nicht das endlich gefundene anonyme Subjekt aller gesellschaftlich-geschichtlichen Prozesse und Handlungen, das sich und das Ganze seiner Tätigkeiten, Objektivationen unserem betrachtenden Blick darböte, sondern sie ist das Spiel, in dem wir alle mitspielen. Keiner vor allen anderen. Jeder ist ‚dran' und immerfort am Zuge. Solches vollzieht sich, wenn wir verstehen und gerade auch, wenn wir Vorurteile durchschauen oder Vorwände entlarven, die die Wirklichkeit verstellen. Ja, da am meisten ‚verstehen' wir. Da endlich, wenn wir etwas durchschaut haben, das uns seltsam und unverständlich schien, wenn wir es untergebracht haben in unserer sprachlich geordneten Welt, geht alles auf, wie bei einer schwierigen Schachaufgabe, wo erst die Lösung die Notwendigkeit der absurden Stellung, bis in den letzten Stein hinein, verständlich macht."[18]

Der Versuch von J. Habermas nachzuweisen, daß es eine quasi nichtsprachliche Art der Erkenntnis gibt, eine Weise, die direkt auf dem Medium der Arbeit, d. h. der instrumentellen Auseinandersetzung des Menschen mit der Welt, basiert, sieht H.-G. Gadamer als gescheitert an. J. Habermas hatte erklärt: „Wenn es zutrifft, daß die operative Intelligenz auf vorsprachliche kognitive Schemata zurückgeht und darum Sprache instrumentell in Dienst nehmen kann, dann findet der Universalitätsanspruch der Hermeneutik an den Sprachsystemen der Wissenschaft und den Theorien rationaler Wahl eine Grenze. Unter dieser Voraussetzung kann nämlich plausibel gemacht werden, warum monologisch aufgebaute Sprachsysteme zwar nicht ohne Bezug auf eine natürliche Sprache interpretiert, wohl aber unter Ausschaltung der hermeneutischen Problematik ‚verstanden' werden können: die Bedingungen des Verstehens wären nicht zugleich die Bedingungen der umgangssprachlichen Kommunikation. Das wäre erst in dem Augenblick der Fall, wenn der Gehalt strenger Theorien in den lebensweltlichen Kontext der Rede übersetzt werden soll."[19] Hier würde also der auf der Sprachlichkeit basierende Universalitätsanspruch der Hermeneutik relativiert. Hermeneutik hätte dann nicht mehr eine ursprüngliche, gleichsam anthropologische Geltung in allen Bereichen, sondern nur eine sekundäre Geltung. H.-G. Gadamer weist J. Habermas nach, daß er hier, wie die Anführungszeichen von „verstanden" zeigen, einen zweiten Verstehensbegriff konstruiert, der mit dem auf Sprache basierenden konkurrieren soll und doch nur das Verstehen, um das es der Hermeneutik geht, zum Gegenstand hat. „Der Anspruch der Hermeneutik ist und bleibt, in die Einheit sprachlicher Weltauslegung zu integrieren, was als unverständlich oder als nicht allgemein, sondern nur unter Eingeweihten ‚verständlich' begegnet. Es kann nicht im Ernst als Einwand gegen diesen Anspruch geltend gemacht werden, daß die moderne Wissenschaft ihre eigenen Sondersprachen und Fachsprachen und künstlichen Symbolsysteme entwickelt hat und innerhalb derselben ‚monologisch' verfährt, d. h. außerhalb aller umgangssprachlichen Kommunikation ‚Verstehen' und ‚Verständigung' erreicht."[20] Auch die Sondersprachen und Symbolsysteme der Wissenschaften konstituieren sich in einem Horizont, der umgangssprachlich eingeholt werden kann und werden muß – und dies ist das Geschäft der Hermeneutik.

Der „Idealismus der Sprachlichkeit“ ist also nicht in dem Sinne ein Idealismus, daß Sprache als das eigentliche Sein aufgefaßt wird – diesen Vorwurf hatte ja auch schon der Kritische Rationalismus der Hermeneutik gemacht (vgl. Kap. VI, 4) – vielmehr will die Hermeneutik mit der Betonung der Sprachlichkeit klarmachen, daß diese das Medium ist, in dem wir Erkenntnis haben und uns die Welt zu eigen machen. Reale Faktoren wie Arbeit und Herrschaft werden durch Sprache nicht außer Kraft gesetzt, sondern ihr nur insofern untergeordnet, als sie der Sprache bedürfen, um verstanden und damit in Hinsicht auf eine Handlung existent gemacht zu werden. Verstehen kann also durchaus auch Ideologiekritik sein, insofern als die hinter einem Phänomen liegenden Gewaltverhältnisse aufgezeigt werden. Aber das kann nicht heißen, daß Verstehen allein in der Ideologiekritik wahres Verstehen wäre. Verstehen bedeutet Konstituierung eines Sinnzusammenhanges so, daß andere rational darauf eingehen können, also „das Gespräch, das wir sind“ zu führen; dies aber stets als ideologiekritisch zu fordern, ist absurd. Deswegen ist es auch in der Pädagogischen Theorie so lange absurd, die „Ideologiekritik“ neben die „Hermeneutik“ zu stellen, als nicht klargemacht wird, daß es sich hier nur um einen Sonderfall des Verstehens handelt: Sonderfall, da aus den vielen möglichen Faktoren zur Konstitution eines Sinnzusammenhanges gerade jene ausgewählt und zur Diskussion gestellt werden, die auf „die jeweiligen gesellschaftlich-politischen Verhältnisse . . . gesellschaftlich vermittelten Interessen, Abhängigkeiten, Herrschaftsverhältnisse, Zwänge oder Chancen“ reflektieren.[21]

3. „Verzerrte Kommunikation“ und „Tiefenhermeneutik“

Der Vorwurf der Kritischen Theorie gegen den hermeneutischen „Idealismus der Sprachlichkeit“ hat noch eine über die Ideologiekritik hinausgehende Dimension. Sprachlichkeit ist für die Hermeneutik der Horizont, in dem sich das an Tradition gebundene Vorverständnis entwickelt, in dem ein Sinnzusammenhang konstituiert wird und in dem zuletzt die Zustimmung der Forschergemeinschaft gesucht wird, die wiederum in das Vorverständnis für ein Besser-verstehen eingeht oder zur Diskussion gestellt wird. Wie aber, wenn nun der gesamte sprachliche Rahmen, unsere alltägliche Rede, durch die wir immer schon verständigt sind, unseren Vorstellungen von einer Basis wissenschaftlicher Erkenntnis nicht entspräche, wenn unsere Sprache als solche verzerrt und inhuman wäre? Und nach J. Habermas ist dies weitgehend der Fall: „Nun haben wir aber

Veranlassung anzunehmen, daß der Hintergrundkonsensus eingelebter Traditionen und Sprachspiele nicht nur im pathologischen Einzelfall gestörter Familiensysteme, sondern auch in gesamtgesellschaftlichen Systemen ein zwangsintegriertes Bewußtsein, ein Ergebnis von Pseudokommunikation sein kann."[22] Die Art und Weise, wie wir miteinander, vor allem auch sprachlich umgehen, sei im Regelfall gestört. Unsere Kommunikation sei „systematisch verzerrt", d. h. sie sei nicht von einem einzelnen Subjekt oder einer gesellschaftlichen Gruppe deformiert, hier könnten noch Psychotherapie und Ideologiekritik aufklären und helfend eingreifen, sondern sie sei von Grund auf pathologisch.

J. Habermas spricht von den „naturgeschichtlichen Spuren gestörter Kommunikation"[23], die es auch in der „‚normalen', sagen wir: pathologisch unauffälligen Rede"[24] aufzufinden gelte. Die Ursache für die Verzerrung unserer Kommunikation als solcher sieht J. Habermas, wie der Begriff „naturgeschichtliche Spuren" schon zeigt, mit S. Freud in der Naturgeschichte der Menschengattung. Die Menschengattung habe aus dem „grundlegenden Konflikt zwischen Funktionen der Selbsterhaltung, die unter dem Zwang der äußeren Natur durch die kollektive Anstrengung der vergesellschafteten Individuen gesichert werden muß, einerseits und dem überschießenden Potential der inneren Natur, den libidinösen und aggressiven Bedürfnissen, andererseits"[24] die Institutionen entwickelt, die die Menschen zu einer diesem Konflikt gerecht werdenden Art und Weise des Umgangs miteinander zwängen. Dieser Zwang sei nun im Laufe der Gattungsgeschichte kein äußerer geblieben, sondern sei zur zweiten Natur geworden. Mit S. Freud und gegen K. Marx sieht J. Habermas „die Institutionen als eine Macht, die akute äußere Gewalt gegen den auf Dauer gestellten internen Zwang einer verkehrten und sich selbst beschränkenden Kommunikation eingetauscht hat."[25] Diese naturgeschichtliche Verankerung der verzerrten Kommunikation mache eine in Selbstreflexion fundierte, die Hermeneutik übersteigende Auseinandersetzung mit Tradition notwendig.

Es sei Aufgabe einer neuen Art von Hermeneutik, nämlich der „Tiefenhermeneutik", durch die von Pseudokommunikation verzerrten Sprachspiele zu den Möglichkeiten eines wahren Konsensus und unverzerrter Sprachlichkeit vorzustoßen. Und die Zeit sei reif dazu. Seit der Aufklärung und der Steuerung der Auseinandersetzung des Menschen mit der äußeren Natur durch den wissenschaftlich-technischen Fortschritt habe der Mensch die Möglichkeit – die allerdings zumeist nicht wahrgenommen werde[26] –, zu anderen Formen der Kommunikation zu kommen. „Der Grad der gesellschaftlich notwendigen Repression bemißt sich an der variablen Reichweite technischer Verfügungsgewalt über Naturprozesse. So kann der institutionelle Rahmen, der die Distribution der Lasten und Entschädigungen regelt und eine den Kulturverzicht sichernde Herrschaftsordnung stabilisiert, mit fortschreitender Technik lockerer werden und zunehmend Teile der kulturellen Überlieferung, die zunächst projektiven Gehalt haben, in Realität verwandeln, nämlich virtuelle Befriedigungen in institutionell anerkannte umsetzen."[27] Tiefenhermeneutik sei nicht „an den Traditionsspielraum geltender Überzeugungen gebunden", sie sei dem „regulativen Prinzip vernünftiger Rede verpflichtet."[28]

Die Psychoanalyse erscheint J. Habermas als Paradigma eines tiefenhermeneutischen Vorgehens. In ihr verstehe der Psychoanalytiker die neurotische Störung der Kommunikation des Patienten nur, weil er vorgängig schon eine Theorie nicht verzerrter, eben „normaler" Kommunikation habe. Erst im Zuge der Erklärung des Unsinns des neurotisch Erkrankten verstehe er das, was ihm von dem Kranken in der Kommunikation zugemutet werde. Gerade im Hindurchstoßen durch das vordergründig vom Patienten Angebotene entschlüssele sich dieses erst. „Das Verstehen des Analytikers verdankt . . . seine explanatorische Kraft dem Umstand, daß die Aufklärung eines systematisch unzulänglichen Sinnes nur in dem Maße gelingt, als die Entstehung des Unsinns erklärt wird. Die Rekonstruktion der Orginalszene ermöglicht beides in einem: sie eröffnet ein Sinnverständnis des deformierten Sprachspiels und erklärt zugleich die Entstehung der Deformation selber."[29] Tiefenhermeneutisches Verstehen, das sich nicht auf das Innerhalb eines Sprachspieles oder eines Traditionsspielraumes beschränkt, vielmehr diese vermittels vorgängiger Kritierien als solche beurteilt, erweise sich demnach als erkenntnisfähiger als bloße Hermeneutik.

J. Habermas überträgt nun dieses Modell tiefenhermeneutischen Verstehens, den Psychoanalytiker mit seinem Vorverständnis von verzerrter und normaler Kommunikation, auf gesamtgesellschaftliche Kommunikation schlechthin und konstatiert: „Das tiefenhermeneutische Verstehen bedarf eines systematischen Vorverständnisses, das sich auf Sprachen im ganzen erstreckt, während das hermeneutische Verstehen jeweils von einem traditionsbestimmten Vorverständnis ausgeht, das sich innerhalb sprachlicher Kommunikation bildet und verändert."[30] Das Kriterium der Unterscheidung zwischen normaler und verzerrter Kommunikation im gesamtgesellschaftlichen Zusammenhang soll in Analogie zur Theorie der Psychoanalyse eine „Theorie der kommunikativen Kompetenz" bereitstellen. „Explanatorisches Verstehen im Sinne der tiefenhermeneutischen Entschlüsselung spezifisch unzulänglicher Lebensäußerungen setzt nicht nur, wie das einfache hermeneutische Verstehen, die geübte Anwendung natürlich erworbener kommunikativer Kompetenz, sondern eine Theorie der kommunikativen Kompetenz voraus. Diese erstreckt sich auf die Formen der Intersubjektivität von Sprache und auf die Entstehung ihrer Deformationen."[31] So geht es der Theorie der kommunikativen Kompetenz um den Nachweis, „daß die Kommunikationsstruktur selber dann und nur dann keine Zwänge produziert, wenn für alle möglichen Beteiligten eine symmetrische Verteilung der Chancen, Sprechakte zu wählen und auszuüben, gegeben ist. Dann besteht nämlich nicht nur prinzipielle Austauschbarkeit der Dialogrollen, sondern eine effektive Gleichheit der Chancen bei der Wahrnehmung von Dialogrollen, d. h. auch bei der Wahl und der Performanz der Sprechakte."[32] Durch diese im einzelnen noch auszuführende Theorie der kommunikativen Kompetenz lasse sich nachweisen, wann Kommunikation unserer Vorstellung von zwanglos zustande gekommener Übereinstimmung in Traditionen nicht entspreche, würde sich also wahres Verstehen und damit wahre Erkenntnis von unwahrer, weil grundsätzlich verzerrter, unterscheiden lassen.

Redlichen Hermeneutikern, auch solchen ideologiekritischer Provenienz, verschlagen solche Perspektiven das Lachen. Ganze soziale Großgruppen, gesamte Gesellschaften, ja die Menschheit als Ganzes sollen hier auf die Couch gelegt werden, damit ihren „naturgeschichtlichen Spuren" verzerrter Kommunikation nachgespürt werden kann. Doch man beruhigt sich schnell. Die Analogie zwischen psychoanalytischer Therapie neurotisch verzerrter Kommunikation und der Tiefenhermeneutik von gesellschaftlichen Gruppen trägt nicht. H.-G. Gadamers Replik ist überzeugend. Bei der Psychoanalyse handelt es sich um eine von Patient und Arzt gemeinsam getragene Reflexionsarbeit mit dem ausdrücklichen Ziel, den Patienten in die Kommunikationsgemeinschaft, der Arzt und Patient gemeinsam angehören, zurückzuholen. Die Kriterien der Verzerrtheit der Kommunikation des Patienten messen sich an einem vom Patienten schon vor, spätestens aber nach der Heilung ebenfalls akzeptierten Grundkonsensus. Dazu gehört auch, daß sich ein Kranker in die Hände des Arztes begibt. Die Grenze des Arztes ist aber genau dort, wo ein Sozialpartner ihm nicht als Patient kommt. Darf der Arzt hier – über seinen therapeutischen Bereich hinaus – jedes ihm begegnende Bewußtsein auf seine neurotischen Verzerrungen hin untersuchen? Wer sich legitimiert fühlt, alles auf die zugrundeliegenden Verzerrungen hin zu untersuchen, „ist ein Spielverderber, dem man aus dem Wege geht.“[33] Der Wissens- und Verstehensvorsprung, „den der Psychoanalytiker in Anspruch nimmt, muß mithin an dem gesellschaftlichen Bewußtsein seine Grenze finden, in welchem sich der Analytiker, ebenso wie sein Patient, mit allen anderen versteht. Denn die hermeneutische Reflexion lehrt uns, daß soziale Gemeinschaft bei allen Spannungen und Störungen immer wieder auf ein soziales Einverständnis zurückführt, durch das sie existiert.“[34] Wenn sich schon der Einzelne ungebetenen therapeutischen Dienst eines Arztes verbieten mag, um wieviel mehr gilt das für Gesellschaften und sich ihnen anbietende tiefenhermeneutische Kommunikationsentzerrer.

In der Frage der Tiefenhermeneutik von Gesellschaften radikalisiert sich die Frage der Legitimation von Therapie nämlich noch. Was beim einzelnen Patienten als abgespaltenes Bewußtsein und verzerrte Kommunikation anzusehen ist, bemißt sich nach den ziemlich eindeutigen Kriterien des Arzt und Patienten gemeinsam umfassenden gesellschaftlichen Grundkonsensus. Doch wenn ganze Gruppen, ja letztlich die gesamte Menschheit in gemeinsamer Reflexionsarbeit von einem als krankhaft verzerrt attestierten Zustand zu einem anderen als besser, unverzerrt deklarierten Zustand geführt werden sollen, dann taucht doch sofort die Frage auf, welche Gruppe dann die Rolle des Psychotherapeuten übernehmen kann und welches die Kriterien beider Zustände sind. „Gegenüber welcher Selbstinterpretation des gesellschaftlichen Bewußtseins – und alle Sitte ist eine solche – ist das Hinterfragen und Hintergehen am Platze, etwa im revolutionären Veränderungswillen, und gegenüber welcher nicht?“[35]

Auch die von J. Habermas für die Kriteriengewinnung in Anspruch genommene „Theorie der kommunikativen Kompetenz“ führt hier nicht weiter. Denn auch sie läßt sich doch wohl nur auf empirisch überschaubare Gruppen anwenden. Nur hier gilt, „daß sich mit Hilfe der Kenntnis der Bedingungen systematisch verzerrter Kommunikation ein Idealvollzug von Verständigung erreichen lasse, der den Konsensus notwendig herbeiführen würde. Allein ein solcher Konsensus könne ein vernünftiges Wahrheitskriterium sein. Ohne eine Theorie dagegen verfalle man dem ‚tragenden Einverständnis‘ eines Zwangkonsensus, ohne das zu durchschauen.“[36] Aber wie ist das in gesellschaftlichen Großgruppen, die unter sich im Einverständnis leben, die ein Grundkonsensus sprach- und handlungsfähig macht? Greift die Theorie der kommunikativen Kompetenz, von außen an die Gruppe herangetragen, hier auch noch? H.-G. Gadamer verneint das: „Hier immer von Zwangskommunikation zu sprechen, z. B. wo Liebe, Vorbildwahl, Ergebenheit, willige Über- und Unterordnung stabilisieren, scheint mir ein dogmatisches Vorurteil in bezug auf das, was ‚Vernunft' unter Menschen bedeutet. So vermag ich nicht zu sehen, wie im gesellschaftlichen Bereich kommunikative Kompetenz und ihre theoretische Beherrschung die Barriere zwischen Gruppen niederlegen soll, welche sich in wechselseitiger Kritik den Zwangscharakter des beim anderen bestehenden Einverständnisses vorwerfen."[37]

Für H.-G. Gadamer verfällt eine Tiefenhermeneutik, die die verzerrte Kommunikation gesellschaftlicher Gruppen und der Menschengattung schlechthin hypostasiert und die Unterscheidungskriterien aus einem absolut gesetzten Fundus von Ideen und einem projektierten Verlauf der Geschichte gewinnen will, jenem vorneuzeitlichen Ontologismus, den J. Habermas gerade mit seiner Kritischen Theorie zu überwinden glaubte.[38] Auch hier wird J. Habermas wieder vom langen Arm der Tradition eingeholt. Auch das tiefenhermeneutische oder ideologiekritische „Muster der Geschichtsphilosophie ist nur ein Schattenriß des theologischen Vorbildes, beide gleichermaßen vorkritisch."[39] Hier wie dort maßt sich ein erkennendes Subjekt an, gleichsam von außen das Gesamt des Geschehens, gesellschaftlicher oder geschichtlicher Art, zu durchschauen. Dem objektivistischen Mißverständnis des Kritischen Rationalismus, der glaubt, einen Gegenstand in allgemeingültigen Gesetzen feststellen zu können, gesellt J. Habermas das objektivistische Mißverständnis einer gesellschaftliche Kommunikation von außen beurteilenden Vernunft bei. Gegen beide muß die Hermeneutik auf der Kontextgebundenheit und damit Vorläufigkeit und Endlichkeit alles menschlichen Wissens beharren. Unsere Aussagen über einen Gegenstand und über uns selbst können allenfalls so sein, daß wir in dem Gespräch bleiben, das wir als Menschen sind.

4. Übereinstimmungen der Kritik von Kritischem Rationalismus und Kritischer Theorie

In zwei wichtigen Punkten der Kritik an der Hermeneutik stimmen Kritischer Rationalismus und Kritische Theorie überein: am hermeneutischen Aufweis der Vorverständnisstruktur und Traditionsgebundenheit des

Verstehens und menschlichen Erkennens und am Aufweis der Sprachlichkeit des Verstehens, von beiden Konzeptionen als „Idealismus" qualifiziert, vom Kritischen Rationalismus als „Neo-Idealismus", der Sprache an die Stelle von Gott bzw. vom absoluten Geist gesetzt hat, und von der Kritischen Theorie als „Idealismus der Sprachlichkeit" apostrophiert. – Allerdings muß hier kurz eingefügt werden, daß der Kritische Rationalismus, und zwar mit einigem Recht, gerade auch die Position der Kritischen Theorie zur Hermeneutik insgesamt zählt und vor allem auch gegen sie diesen Vorwurf erhebt. Auch in dieser Untersuchung sind ja in früheren Kapiteln Aussagen und Positionen der Kritischen Theorie immer wieder zur Kennzeichnung der Hermeneutik in Anspruch genommen worden. – Gegen das hermeneutische Beharren auf Traditionsgebundenheit und Sprachlichkeit des Verstehens setzt der Kritische Rationalismus auf eine strikt an die Intersubjektivität gebundene Methodologie, die jeden Gegenstand so ausweist, daß er ein für alle Male festgestellt ist (natürlich nur, wenn die Hypothese bzw. Theorie gültig ist). Die Kritische Theorie will keine Beschränkung der Erkenntnis auf das empirisch Feststellbare, aber auch sie will Kriterien, mit denen sie die Erkenntnis über den Horizont des Erkennenden hinaus absolut festmachen kann. Sie setzt auf eine den Traditionsfluß hintergehende, ideologiekritische Tiefenhermeneutik und die sie begründende Theorie der kommunikativen Kompetenz.

In beiden Fällen ist man bemüht, in Konkurrenz zur Hermeneutik den Erkenntnisprozeß von den eigenen Voraussetzungen her zu normieren, und man übersieht dabei, daß Hermeneutik viel weniger eine normative Methodologie ist als vielmehr transzendentale Reflexion. „Sie will nicht ein Können zum Regelbewußtsein erheben."[40] Sie weist auf, was sich vollzieht, wann immer verstanden und erkannt wird; und sie weist auf Selbstmißverständnisse hin, die mit dieser Tätigkeit verbunden sein können. Insofern ist natürlich auch die Hermeneutik normierend und will einen Zugang zum Gegenstand der Forschung durch einen anderen variieren. Aber in erster Linie will sie auf etwas Unumgängliches hinweisen, dieses zu Bewußtsein bringen und zu methodologischen Konsequenzen führen. Deswegen kann der Hermeneutik, vor allem der Konzeption Gadamers, auch vom Kritischen Rationalismus vorgeworfen werden, das Verfahren sei so unsystematisch und so wenig greifbar. Als transzendentales ist es das in der Tat, aber darum ist es methodologisch nicht folgenlos.

VIII Hermeneutik und Phänomenologie

1. Zum Begriff der Phänomenologie

Der Begriff ist ein Kunstwort aus den griechischen Worten „phainomenon" – die Erscheinung, das Phänomen – und „logos" – die Lehre – und bedeutet demnach so viel wie „Lehre von den Erscheinungen." E. Husserl[1], der seiner Philosophie Anfang dieses Jahrhunderts den Namen gab, wollte in der Phänomenologie eine Rückbesinnung des erkennenden Subjekts auf die Quellen seiner Erkenntnis. Seine Lehre wandte sich vor allem gegen einen damals sehr rigiden Psychologismus, der alle Erkenntnisse in der Psyche des Erkennenden, etwa in Assoziationsgesetzen, festmachte und gegen einen damit oft verbundenen sensualistischen Nominalismus, der alle Erkenntnis als Abstraktionen von gewonnenen Sinneseindrücken auslegte. Phänomenologie wollte sich unter Ausklammerung von Ursprungsfragen auf das Sosein und das Wesentliche eines in der Wahrnehmung gegebenen Gegenstandes konzentrieren. So wurde ihr Losungswort, das größeren Erfolg hatte als die Husserlsche Philosophie selber: „zurück zu den Sachen."

Phänomenologie wollte den Gegenstand in einem Zugang erfassen, in dem das erkennende Subjekt sich selbst gleichsam zurücknahm. Alles, was nicht den Gegenstand unmittelbar betraf, sollte ausgeklammert werden: das waren bekannte Theorien über den Gegenstand, Meinungen und Vorwissen des Forschers, Bezüglichkeiten und Rückschlüsse, die scheinbar ganz naheliegen, und auch subjektive Bindungen des Erkennenden. Am Ende einer solchen phänomenologischen Untersuchung stünde eine „Wesensschau" des Gegenstandes, „eine solche Erfassung ..., daß alles, was über ihn zur Erörterung steht, in direkter Aufweisung und direkter Ausweisung abgehandelt werden muß."[2] Diese Wesensschau wäre so treffend, daß sie von jedem kompetenten Betrachter nachvollzogen werden könnte. Und da solche Aussagen über einen Gegenstand fast immer Beschreibungen im weitesten Sinne sind, spricht man manchmal auch von „deskriptiver Phänomenologie" oder „phänomenologischer Beschreibung."

Husserls scheinbar einfacher Ansatz, der sowohl den Schwierigkeiten eines die konkreten Dinge aus allgemeinen Ideen ableitenden Idealismus als auch den Schwierigkeiten eines rein induktiv vorgehenden Sensualismus zu entgehen schien, indem er die Dinge in ihrem von jedem nachzuvollziehenden Sosein zur Sprache brachte, erwies sich als für die damalige wissenchaftliche Situation sehr befruchtend. Der vereinfachende Ausdruck „zurück zu den Sachen“ fand als Kernstück der phänomenologischen Methode Eingang in fast alle Wissenschaften. E. Husserl selber jedoch entwickelte in dreißig Jahren Philosophierens seine Methode weiter fort in Richtung auf eine Transzendentaltheorie der Erkenntnis. Sein Fragen galt jetzt den Bedingungen der Möglichkeit von Erkenntnis schlechthin.[3] Die Frage, was im Wechselspiel zwischen erkennendem Subjekt und erkanntem Objekt beide erst zum Subjekt und Objekt werden läßt, tritt dabei unter den Begriffen „Lebenswelt“ und „sinnstiftende Subjektivität“ in den Vordergrund. Hier kam die Phänomenologie hermeneutischen Ansätzen sehr nahe. Heute gibt es sehr viele unterschiedliche Schulen der philosophischen Phänomenologie – je nach dem, auf welche Entwicklungsstufe der Husserlschen Theorie man sich beruft[4] – und auch unterschiedliche phänomenologische Ansätze in den übrigen Wissenschaften, auch in der Erziehungswissenschaft.

2. Phänomenologie in der Pädagogik

In der Pädagogik führt A. Fischer den phänomenologischen Ansatz unter direkter Bezugnahme auf E. Husserl ein.[5] Er geht von einer grundsätzlichen Unterscheidung im Begriff der Pädagogik aus: Pädagogik als Tun (unterrichten, erziehen, bessern) und Pädagogik als wissenschaftliche Forschung mit dem Ziel der Theoriebildung. „Denkt man . . . über das Verhältnis von Tat und Theorie nach, so endigt man bei einer für alle pädagogische Forschung und Wissenschaft unerläßlich wichtigen und grundlegenden Aufgabe, für welche ich den Namen deskriptive Pädagogik übernehmen möchte. Ich halte es für notwendig, in der Gegenwart mit ihren stark praktisch-reformerischen Tendenzen auf diese m. E. entscheidende Aufgabe einer reinen, soweit als möglich interesseloser Erkenntnis dienenden pädagogischen Theorie immer wieder hinzuweisen.“[6]

Kern der deskriptiven Pädagogik ist – wie der Name schon sagt – die phänomenologische Beschreibung des Gegenstandes pädagogischer Theoriebildung. „Die Grundfrage aller Deskription lautet, was ein (in der Erfahrung) Gegebenes sei.“[7] Beschreibung muß sich auf das wirklich in der Erfahrung Gegebene beschränken. Es dürfen keine Vorurteile, Normierungen, vorgefaßte Deutungen, Theorien an den Gegenstand herangetragen werden. „Für die Beschreibung ist . . . conditio sine qua non der wissenschaftlichen Brauchbarkeit und Ergiebigkeit, daß sie theoriefrei, in diesem Sinne voraussetzungslos geschieht."[8] Die Grundfrage der phänomenologischen Beschreibung ist: Was ist? „Als Leitfaden der Deskription zielt diese Frage lediglich auf eine erschöpfende Charakteristik des Gegebenen als solchem nach den Seiten, die unmittelbar an ihm erfaßbar sind, ohne Änderung der Gegebenheit, ohne ‚Reduktion' auf ein anderes, ohne Rekurs auf eine mögliche Genesis."[9]

Am Beispiel der Züchtigung arbeitet A. Fischer dann des näheren den Gegenstand der phänomenologischen Beschreibung in der pädagogischen Theoriebildung heraus. „Wir beschreiben also einen Tatbestand als pädagogischen, wenn wir in den dabei beteiligten Menschen gewisse Motive und Zielvorstellungen als vorhanden und wirksam erweisen, die auf Beeinflussung der Menschen hindeuten, wenn wir an den beeinflußten Menschen alle Züge hervorheben, welche die Beeinflußbarkeit als möglich, ethisch und juristisch erlaubt und als notwendig erscheinen lassen. Gleichgültig ist dabei – für den Standpunkt der Deskription – unsere Wertung dieser Absichten und Ideale. Es ist möglich, daß wir selbst die körperliche Züchtigung als Erziehungsmaßregel verwerfen, es ist nicht ausgeschlossen, daß wir ein anderes Ideal des wohlerzogenen Menschen haben, mit dem es durchaus vereinbar ist, daß ein Kind lächerliche Seiten der Autoritätsperson auch lächerlich machen darf; in der Beschreibung haben wir von unseren Wertungen wie von unseren vorgefaßten Begriffen vollständig abzusehen; wir haben festzustellen, daß ein Mensch bestimmte Handlungen tut, Reden spricht, Anordnungen erläßt in der Absicht, damit andere seiner Macht zugängliche Menschen zu beeinflussen, daß er eine solche Beeinflussung für notwendig und richtig hält, weil er der Ansicht ist, durch ihre kumulierte Wirkung die abhängigen Menschen, solange sie noch plastisch sind, so zu formen, wie ein ihm vorschwebendes Persönlichkeitsideal als wünschenswert, als ‚seinsollend' erscheinen läßt. Ein pädagogischer Tatbestand liegt aber auch vor, wenn zwar auf der Seite des Züchtigenden die Erziehungsabsicht fehlt, auf der Seite des Gezüchteten aber doch eine bestimmte Wirkung eintritt."[10]

R. Lochner schließt sich in seiner Konzeption der pädagogischen Tatsachenforschung zunächst eng an A. Fischer und dessen Rezeption der Frühphase der Husserlschen Phänomenologie an, bekennt sich später jedoch zur empirisch-analytischen Konzeption von W. Brezinka.[11] In der Konzeption, die noch als phänomenologisch anzusehen ist, unterscheidet auch er strikt zwischen normativen Vorstellungen der Pädagogik und der Erziehungswissenschaft als einer auf Tatsachenuntersuchung abhebenden Forschung. „Erziehungswissenschaft ist eine selbständige oder ‚reine' Wissenschaft (in diesem Sinne auch Grundlagenforschung), die sich auf die Gesamtheit der Erziehungserscheinungen richtet, sie als eigentümliche Gegenstände aus der gesamten Wirklichkeit heraushebt, erklärt und deutet. Man kann sie auch phänomenologische oder Tatsachenforschung nennen."[12] Wesentlicher Bestandteil der Tatsachenforschung ist auch ihm die phänomenologische Beschreibung, die theoriefreie Hinwendung des Forschers zu seinem in der Erfahrung gegebenen Gegenstand.

Mit O. F. Bollnow und seinen Schülern und Nachfolgern hat die Phänomenologie in der Pädagogik eine neue Dimension erreicht. O. F. Bollnow knüpft vermittelt durch M. Heidegger[13] an eine spätere Phase der Husserlschen Phänomenologie an.[14] E. Husserl hatte hier der menschlichen „Lebenswelt" für die Konstitution eines Gegenstandes und seine wissenschaftliche Erforschung eine größere Bedeutung zugewiesen. Daß sich uns Tatsachen in der Beschreibung so oder so entdecken, liegt auch daran, daß sie in der Welt unseres alltäglichen Daseins immer schon so oder so verortet sind. Daß sie das aber sind, ist wesentlich eine Leistung der „sinnstiftenden Subjektivität" des Erkennenden. Phänomenologie in der tieferen Bedeutung des Wortes ist also über das in der Erfahrung scheinbar einfach Gegebene auf etwas gleichzeitig mit ihm Vorliegendes verwiesen. M. Heidegger erklärt Phänomen konsequenterweise sogar als „Erscheinung" von etwas Dahinterliegendem.[15] E. Husserl sieht „die Krisis der europäischen Wissenschaften" in den zwanziger und dreißiger Jahren dieses Jahrhunderts dadurch bedingt, daß diese in ihren Forschungsmethoden den Bezug zur Lebenswelt verloren haben und einem „objektivistischen Schein" verfallen sind.[16]

O. F. Bollnow hat diesen neuen Umgang des Forschers mit den Phänomenen, der diese nicht als Tatsachen absolut setzt, sondern sich zwar von ihnen gleichsam leiten läßt, sie zwar zur Sprache kommen läßt, sich aber dennoch als Betrachter und Forscher alle Zugänge zu ihnen offen hält, meisterhaft praktiziert und verschiedentlich theoretisch aufgearbeitet.[17] Der Forscher, der aufgrund jahrelanger Erfahrungen ein Sachgebiet durchschaut, vermag seinen Gegenstand in allen ihn ‚wesentlich' treffenden Bezügen aufscheinen zu lassen. Erfahrungen, die der Forscher selber machte, offenbare Erfahrungen anderer Menschen, Erfahrungen, die in (im weitesten Sinne) sprachlicher Fassung des Gegenstandes bewahrt sind, werden zu einer Gesamtschau zusammengefügt. Die Aussagen über den Gegenstand liegen auf einer Ebene, die man beinahe „Evidenz“ nennen könnte. Wer in einem Sachgebiet entsprechende Erfahrungen hat oder angemessen ausgebildet ist, ist auf Anhieb bereit, den Erkenntnissen über den Gegenstand, die ihm da vermittelt werden, zuzustimmen bzw. sich argumentierend und differenzierend mit ihnen auseinanderzusetzen, ‚Vernunft walten‘ zu lassen. Eine gewisse Nähe zu Platons Ideenschau ist hier nicht abzuleugnen. Aber das von O. F. Bollnow geübte Verfahren entgeht den Problemen, die mit dem platonischen Idealismus verbunden sind, insofern, als ja keine absolute Seinsaussage über den Gegenstand gemacht wird. Getroffen und evident wird das Sosein eines Gegenstandes in einer konkreten, raumzeitlichen Lebenswelt. Der Gegenstand wird vom Forscher nicht ein für alle Male festgestellt, und die phänomenologischen Erkenntnisse streben geradezu danach, durch andere, bessere ersetzt zu werden.

In O. F. Bollnows phänomenologischem Zugang zum Gegenstand wird also auch beschrieben, aber die Beschreibung bleibt nicht im Vordergründigen, Eindimensionalen stecken; es werden auch „empirische“ Beobachtungen gemacht, aber diese sind aufgehoben im Horizont eines umfassenderen lebensweltlichen Erfahrungsbegriffes. Bollnow sagt zu seinem Vorgehen: „Das Wort Phänomenologie behält hier also eine ganz freie Bedeutung. Es meint die vor allem in der Husserlschen Schule entwickelte Kunst der Beschreibung, die im Unterschied gegen alle konstruktiven Vorgriffe und gewaltsame Vereinfachung in der geduldigen Arbeit des Unterscheidens und Vergleichens die ‚Phänomene‘ selber in den Blick zu bekommen versucht.“[18] Es soll nicht unausgesprochen bleiben, daß ein solcher Zugang zum Gegenstand sehr an die Kompetenz des einzelnen Forschers gebunden ist. Aber man darf das nicht gegen die Methoden verwenden, da eben in der Gebundenheit an die Subjektivität auch sehr viel an Erkenntnis gewonnen wird. Denn die „Lebenswelt“, in der die Phänomene erst zu Phänomenen werden, ist ja stets auch auf die „sinnstiftende Subjektivität“ verwiesen. Letztes Kriterium ist auch hier, wie weit das Forschungsergebnis von der Forschergemeinschaft als diskutabel akzeptiert wird. H. Seiffert erklärt zu Recht: „Die eigentliche Stärke der phänomenologischen Methoden – es hat keinen Sinn, das zu verschweigen, wenn es auch kaum dem gegenwärtigen Trend entspricht – liegt in dem ‚individuellen Niveau‘ (das auf Weite der Erfahrung oder Intelligenz oder beidem zugleich beruhen kann) der sie Anwendenden. Es liegt im Charakter einer ‚Lebenswissenschaft‘, daß sie auf dieses Moment nicht verzichten kann; sie begäbe sich dadurch ohne Not eines Fundus von interpretierbaren Lebenserfahrungen, die zur Erhellung ‚des Lebens‘ auch dann sehr viel beitragen können, wenn sie nicht standardisierbar und damit nicht jedem Sozialforscher beliebig zugänglich sind."[19]

In den letzten dreißig Jahren ist die Phänomenologie Bollnowscher Prägung, die wenig mit dem Zugang A. Fischers und R. Lochners zum Gegenstand pädagogischer Theoriebildung zu tun hat, auf vielen pädagogischen Gebieten bedeutsam geworden. „Viele didaktische und pädagogische Phänomene und Probleme sind durch ... phänomenologische Beschreibungen mit ganz neuer Eindringlichkeit oder überhaupt erstmalig in den Blickpunkt der pädagogischen Theorie gerückt worden. Als Beispiele nennen wir hier ... die Analysen von Spiel (Buytendijk, Scheuerl), Gespräch (Bollnow, Loch), Aufgabe (Langeveld), Übung (Loser), Aufmerksamkeit (Wagenschein, Schneider), Freude (Drechsler), schöpferisches Verhalten (Bräuer), Mut (Loch), Takt (Muth), Begegnung, Ermahnung, Vertrauen (Bollnow, Langeveld, Metzger), das Zeigen (Giel)."[20] H.-H. Groothoff sieht die Bedeutung der Phänomenologie in unseren Tagen darin, daß sie gegenüber allen „kritischen", d. h. extrem vorstrukturierten Zugängen zum Gegenstand Erziehung, den Blick offenhält und öffnet für das in jeder Gesellschaft so oder so sich zeigende Phänomen der Erziehung. „Auf eine Phänomenologie der Erziehung kann immer weniger verzichtet werden, und das schon deshalb, weil wir in der Gefahr stecken, die Erziehung von vornherein einerseits im Sinne der empirischen Sozialforschung anzusprechen und wenigstens vage zu operationalisieren, andererseits im Sinne einer kritischen Politökonomie kritisch zu behandeln."[21]

3. Phänomenologie als naiver Empirismus und Grenzfall der Hermeneutik

Wenn Hermeneutik vor allem in dem Bewußtsein besteht, wie groß der Anteil des erkennenden Subjektes an der Erkenntnis ist und diese Einsicht im Vorverständnis, im wirkungsgeschichtlichen Bewußtsein, im Zirkel des Verstehens, in der lebensweltlichen Bedingtheit von „Tatsachen" und in der Sprachlichkeit jeglicher Erkenntnis auf den Begriff bringt, dann nimmt die Phänomenologie im Verhältnis zum hermeneutischen Verfahren eine eigene Position ein. Man darf sie nicht so ohne weiteres zur Hermeneutik zählen, wie das manchmal geschieht. Man muß vielmehr prüfen, wie sich die verschiedenen phänomenologischen Ansätze zu den hermeneutischen Grundbegriffen verhalten.

Wenn A. Fischer und R. Lochner davon ausgehen, in der phänomenologischen Beschreibung den Gegenstand in seinem Ansichsein zu erfassen, wenn sie eine solche Erfassung des Gegenstandes zur Grundlage der wissenschaftlichen Beschäftigung mit ihm machen, dann hat das mit Hermeneutik nichts zu tun. Hier handelt es sich um einen, im übrigen als erkenntnistheoretisch unmöglich ausgewiesenen, naiven Empirismus, der glaubt, einen Gegenstand, vor allem gerade einen solchen der gesellschaftlich-geschichtlichen Wirklichkeit, frei von allen objektfremden Einflüssen in seinem Ansichsein erfassen zu können. Seit I. Kants „Kritik der reinen Vernunft" wissen wir, „daß die Vernunft nur das einsieht, was sie selbst ihrem Entwurfe nach hervorbringt."[22] Und E. Husserl hatte seine Phänomenologie gerade gegen die naive Vorstellung, etwas in der Erfahrung Gegebenes in seinem ‚wirklichen' Sosein aufweisen zu können, konzipiert. Insofern beruht A. Fischers und R. Lochners Berufung auf Husserl in der Tat auf einem Mißverständnis der Husserlschen Phänomenologie, wie D. Benner feststellt.[23] Husserls Rückgriff auf das „in der Erfahrung Gegebene" bedeutet eben auch, daß auch die Erfahrung für die Erkenntnis eine Rolle spielt und seine Fortführung der phänomenologischen Untersuchungen zielte genau in diese Richtung.

Wenn phänomenologische Beschreibung dann aber bedeutet, daß sich der Forscher der vielen Voraussetzungen bewußt ist, unter denen sich ein erkennendes Subjekt seinem Gegenstand zuwendet und dann in gleichsam asketischer Wende sich bemüht, alles dies erst einmal auszublenden – wie E. Husserl sagt: in epochä (in Einklammerung) zu setzen –, um das in der Erfahrung Gegebene erst einmal möglichst einfach, beinahe selbstevident zum Erscheinen zu bringen, dann nähert sich dieses Verfahren der Hermeneutik an. Hier setzt das erkennende Subjekt nicht seine Erfahrung naiv mit der Wirklichkeit gleich, vielmehr versucht es, sich durch alle Voraussetzungen hindurch zu einer neuen, nunmehr vermittelten naiven Sicht der Dinge vorzuarbeiten. Der Forscher weiß um die dialektische Bezogenheit von erkennendem Subjekt und erkanntem Objekt im Forschungsakt, aber er nimmt sich selbst, die ganze Weite seines Vorverständnisses erst einmal bewußt zurück, fast um im Gegenstand aufzugehen. Hierbei können sich überraschende Perspektiven auftun. Damit keine Mißverständnisse entstehen: ein solcher Zugang zum Gegenstand hat zwar auch viele empirische Elemente, aber er bleibt nicht im Empirischen stecken; er reduziert die Erfahrung am Gegenstand nicht auf die kontrollierte Beobachtung physischen Verhaltens. Diesen phänomenologischen Zugang zum Gegenstand finden wir in vielen Untersuchungen pädagogischer Einzelprobleme, wobei er aber stets nicht der einzige Umgang des Forschers mit seinem Untersuchungsobjekt bleibt, sondern in einer zweiten Phase in der Reflexion, im hermeneutischen Umgang mit dem Gegenstand aufgehoben wird. Er kann aber auch weiterführen zu einer empirischen Untersuchung des Gegenstandes – dieses Mal jedoch zu einer Empirie, die sich ihrer hermeneutischen Implikationen durchaus bewußt ist.

Zum Grenzfall der Hermeneutik wird die Phänomenologie in dem Augenblick, wo sie über „Lebenswelt" und „sinnstiftende Subjektivität" die Einsicht thematisiert, daß zum Phänomen, das untersucht wird, auch seine dialektische Bezogenheit auf das erkennende Subjekt gehört. Erkennendes Subjekt, erkanntes Objekt und Erkenntnisakt stehen in einem unauflösbaren Zusammenhang, und der Aufweis des Soseins eines Phänomens verweist immer auch auf das erkennende Subjekt zurück. In dieser Art phänomenologischer Beschreibung, die von O. F. Bollnow und seinen Nachfolgern praktiziert und durchdacht wird, liegen Phänomenologie und Hermeneutik direkt nebeneinander. Der Forscher versucht, einen Gegenstand zu erschließen, der keineswegs als Phänomen an sich angesehen wird. Vielmehr ist sich der Forscher bewußt, daß erkennendes Subjekt und erkanntes Objekt in einem gemeinsamen Horizont, eben der sinnstrukturierten Lebenswelt, stehen. Alltagsverständnis, Sprache und Erfahrungen im weitesten Sinne weisen dem erkennenden Subjekt seinen Weg zum erkannten Objekt ebenso wie gezielte Beobachtungen, in denen das Subjekt scheinbar zurückgenommen ist. Der Forscher verlebendigt seinen Gegenstand durch phänomenologische Beschreibungen in allen Dimensionen. Am Ende der Untersuchung steht eine beinahe alltagssprachlich fixierte Theorie, die das einfach ‚Wesentliche' des untersuchten Phänomens herauskristallisiert, aber dieses ‚Wesentliche' nicht in seiner analytischen Vereinzelung erkennt, sondern in seinem lebensweltlichen Horizont, in den der Forscher wie sein Gegenstand gleichermaßen eingebettet sind. Phänomenologische Beschreibung ist hier geradezu Beschreibung von Sinnzusammenhängen des Gegenstandes; diese ist aber als Beschreibung eben so, daß sie vor allem das untersuchte Objekt zur Sprache kommen läßt. Deswegen ist sie auch immer noch Phänomenologie und nicht Hermeneutik. Dieses phänomenologische Vorgehen will aber wie die Hermeneutik nicht zu einer endgültigen Feststellung hypostasierter Gegenstände kommen, sondern das Gespräch in Gang bringen, das der Gegenstand auch ist.

IX Hermeneutik und Dialektik

1. Zum Begriff der Dialektik

Der Begriff kommt aus dem griechischen „dialegesthai", was soviel wie „sich unterreden", aber auch „einander etwas entgegnen" bedeutet. Als philosophisches und wissenschaftliches Verfahren war Dialektik allerdings nie bloßes Gerede, sondern das Bemühen, in Auffassung und Gegenauffassung die Wahrheit des Seins zu entdecken. Grundannahme ist dabei, daß man verschiedenen Gegenständen nur gerecht wird, wenn man sie in einer auch ihr Gegensätzliches in ihnen mit thematisierenden Weise angeht. Dialektische Gegenpole gibt es unendlich viele: Ich-Du, Leben-Tod, Individuum-Gemeinschaft, Leib-Seele und in der Erziehung nach Th. Litt etwa die Dialektik von Führen und Wachsenlassen.[1]

Bei der Frage nach der Wahrheit der Dinge tut sich eine bis heute für die dialektische Methode nicht zu überwindende Spaltung in der Auffassung von Dialektik auf. Für die einen ist die Dialektik eine im Kopfe des erkennenden Subjektes festzumachende Erkenntnisweise, eine Möglichkeit unter anderen, sich etwas, das sich auf der Ebene der Dinge abspielt, denkerisch und begrifflich aufzuschlüsseln. Die Dialektik hat, wenngleich nicht ausschließlich, so doch ihren Ursprung in der Denkweise des erkennenden Subjektes. Für die anderen ist die dialektische Methode die begriffliche Widerspiegelung sich auf der Ebene der Dinge real abspielender Prozesse: Dialektik fällt damit nicht nur in die Erkenntnistheorie, sondern auch in die Naturphilosophie und Ontologie. Dialektik des Kopfes ist danach nur möglich, weil das Sein der Dinge dialektisch strukturiert ist. Man kann diese unterschiedlichen Auffassungen mit dem Namen Platon und Fr. Engels chiffrenhaft kennzeichnen.

Für Platon geht das von ihm von den Sophisten und Sokrates übernommene dialektische Verfahren vor allen in den Köpfen und Aussagen der Forscher vor sich.[2] Daß dabei natürlich auch vom Gegenstand in gewisser Weise ein Drang zu diesem Verfahren ausgeht, ist unbestritten. Die Forscher wägen Auffassung und Gegenauffassung über einen Gegenstand gegeneinander ab, um so das Wesentliche von ihm herauszuarbeiten. Dialektik brachte einen Gewinn an Erkenntnis über die Wirklichkeit. Der Kern dieses Verfahrens war eben, einen bestimmten Gegenstand so zu strukturieren, daß die ihm zugehörenden Gegenstände zugleich in ihrem je einzelnen konkreten Sosein als auch durch die sie bedingenden Gegenpole in ihrer Bezogenheit auf das Ganze des Gegenstandsbereiches aufgewiesen wurden. Platon wollte mit der Dialektik eben dieses Problem von Einzelheit und Allgemeinheit in einem bestimmten Gegenstand begrifflich zu fassen suchen. Daß es sich dabei um etwas handelt, das sich im Kopfe des Forschers abspielt, wird auch dadurch deutlich, daß Platon dieses Verfahren vor allem zur Erforschung und Auslegung von Begriffen benutzte.[3] Dialektik als philosophische Methode zieht sich seit Platon durch die ganze Geschichte des abendländischen Denkens, wobei immer wieder auch ontologische Auffassungen derselben auftraten.[4]

Bei Fr. Engels nun schlägt die Ontologisierung der Dialektik in ihrer krassesten und geistesgeschichtlich wichtigsten Form durch. Bei G. W. F. Hegel war das vielleicht schon angelegt. Zwar sieht auch Hegel das Sein sowohl der Natur als auch des Menschen als in dialektischen Prozessen geordnet an, aber da in seiner Geistphilosophie letztlich alles der Idee der Vernunft entstammt, kann man kräftig darüber streiten, ob die Dialektik ihren Ursprung im Kopfe oder in der Natur hat.[5] Gleiches gilt auch für K. Marx.[6] Fr. Engels setzt die Dialektik in Vereinfachung der Philosophie von Hegel und Marx total auf der Ebene der Dinge an. Er definiert Dialektik „als die Wissenschaft von den allgemeinen Bewegungs- und Entwicklungsgesetzen der Natur, der Menschengesellschaft und des Denkens"[7] und erklärt: „Die Dialektik, die sog. objektive, herrscht in der ganzen Natur, und die sog. subjektive Dialektik, das dialektische Denken, ist nur Reflex der in der Natur sich überall geltend machenden Bewegung in Gegensätzen, die durch ihren fortwährenden Widerstreit und ihr schließliches Aufgehen ineinander, resp. in höhere Formen, eben das Leben der Natur bedingen."[8] Fr. Engels' Auffassung der Dialektik war natürlich für den Marxismus ausschlaggebend; aber die andere Auffassung der Dialektik hat sich in der Neuzeit ebenfalls stets gehalten. Auch in der Pädagogik sind beide Formen beinahe idealtypisch anzutreffen.

Einen neuen Impetus erhielt die Dialektik auch in der Pädagogik in der letzten Zeit durch die Kritische Theorie der Frankfurter Schule. M. Horkheimer, und Th. Adorno, H. Marcuse und mit Einschränkung auch J. Habermas legen sie als für die heutige Zeit der „instrumentellen Vernunft" einzige menschliche Erkenntnisart aus.[9] Da die instrumentelle Vernunft die Herrschaft über die Welt angetreten hat und sich ihre Herrschaft auch schon in der identifizierenden Begrifflichkeit jeglicher Wissenschaft und Philosophie zeigt, ist es die Aufgabe einer „negativen

Dialektik"[10], in der totalen „Negation" und „Kritik" des Bestehenden Alternativen aufweisen und der Verdinglichung, vor allem der menschlichen Welt, in Begriffen entgegenzutreten. Für J. Habermas besteht das Wesen der Dialektik dementsprechend darin, „aus den geschichtlichen Spuren des unterdrückten Dialoges das Unterdrückte" zu rekonstruieren, um in eben dieser Rekonstruktion Wege des Menschen zum „guten Leben", zur wahren Menschlichkeit, zu weisen. „Erst wenn Philosophie im dialektischen Gang der Geschichte die Spuren der Gewalt entdeckt, die den immer wieder angestrengten Dialog verzerrt und aus den Bahnen zwangloser Kommunikation immer wieder herausgedrängt hat, treibt sie den Prozeß voran, dessen Stillegung sie sonst legitimiert: den Fortgang der Menschengattung zur Mündigkeit."[11] Der Prototyp solcher gelingender Dialektik ist ihm der therapeutische Dialog des Psychoanalytikers mit dem Patienten[12], der in der „Ideologiekritik" des „verzerrte Kommunikation" sozialer Großgruppen aufweisenden kritischen Wissenschaftlers seine auf die Gesellschaft bezogene Entsprechung findet.[13] Beide, Psychoanalyse und Ideologiekritik, messen sich jedoch an der Selbstreflexion des Individuums bzw. der Idee eines „herrschaftsfreien Dialoges" aller Mitglieder einer Kommunikationsgemeinschaft.[14]

2. Dialektik in der Pädagogik

In der Pädagogik findet die Dialektik durch F. E. D. Schleiermacher Eingang.[15] Das ist kein Zufall, Schleiermacher ist ja der große Übersetzer der platonischen Dialoge; und der platonischen Auffassung der Dialektik folgt er auch. Dialektik ist ihm eine Form der Bewegung des Gesprächs und des Denkens, die dazu dient, einen auf den ersten Blick undurchschaubaren Gegenstand in einem übergeordneten Ganzen und ihn so in seinem eigentlichen Sein treffen zu können. Sie ist ihm also eine Erkenntnisweise, nicht eine Seinsweise der Dinge. So lautet seine Definition von Dialektik: „Dialektik ist die Darlegung der Grundsätze für die kunstmäßige Gesprächsführung im Gebiet des reinen Denkens".[16] Das „Gebiet des reinen Denkens" meint dabei jene Bemühungen, in denen es um Wahrheit und wissenschaftliche Theorien geht; und die Gesprächsführung muß natürlich nicht immer faktisch sein. Der Forscher gliedert sich einen Objektbereich, indem er die Gegenstände in ihrer jeweiligen Antinomie auf die Spitze treibt, das, wenngleich nicht faktisch geführte, Gespräch zwischen den Gegenpolen kreisen läßt und somit einen sinngefüllten Raum der Erkenntnis, eine Art Totalität, konstruiert. Die „Vorlesungen über Pädagogik" zeigen, wie meisterhaft Schleiermacher diese dialektische Gedankenführung beherrscht. Zwischen den Polen „Ausbilden der Natur" und „Hineinbilden in das sittliche Leben", „Individuelle Richtung der Erziehung" und „Universelle Richtung der Erziehung", „unterstützende Tätigkeit" und „gegenwirkende Tätigkeit" des Erziehers, Vermittlung von „Fertigkeiten" und „Gesinnungen" im Erziehungsakt und „Rezeptivität" und „Spontanität" des Zöglings entsteht da eine Theorie der Erziehung, die sowohl den wesentlichen Momenten des Erziehungsaktes als auch den übergeordneten Bezügen des Gegenstandes gerecht wird.[17]

Über W. Dilthey wird die Dialektik in der Auffassung Schleiermachers der geisteswissenschaftlichen Pädagogik vermittelt, die eine Reihe von Erziehungsphänomenen und den Bildungsprozeß als solchen mit dieser Forschungsmethode angeht und auch verschiedentlich über das Verfahren selbst, seinen Bezug zu anderen Methoden reflektiert.[18] In H. Nohls „Theorie der Bildung" strukturiert sich die Erziehungswirklichkeit in „Polaritäten", die der Pädagoge denkerisch und praktisch bewegt.[19] Th. Litts „Dialektik der Menschenbildung"[20] und J. Derbolavs „Dialektik des Bildungsprozesses"[21] folgen dem dialektischem Modell Schleiermachers in der pädagogischen Theoriebildung. Alle geisteswissenschaftlichen Pädagogen gehen davon aus, daß der Gegenstand oft den dialektischen Zugang zu ihm nahelegt, aber sie verlegen die Dialektik nicht objektivistisch in die reale Wirklichkeit.

Diese reale Festmachung der Dialektik im Gegenstand pädagogischer Theoriebildung und damit die Wende vom platonischen Modell der Dialektik zu dem von Fr. Engels in der Pädagogik hat E. Hoffmann vollzogen mit der engagierten Forderung, daß pädagogisches Denken als wahrhaft pädagogisches Denken der Dialektik des Gegenstandes nicht nachgeben dürfte. Als „Ergebnis der Untersuchung" über Gegenstand und dialektische Forschungsmethode in der pädagogischen Theorie vom Sturm und Drang bis in die zwanziger Jahre dieses Jahrhunderts formuliert sie: „Je echter die pädagogische Haltung, desto weniger Dialektik, und umgekehrt. Die dialektische Pädagogik zerstört die wahre pädagogische Haltung, und wo diese sich behauptet, wird die Dialektik zurückgedrängt. Bei Hegel läßt die Vorherrschaft der Dialektik gar keine Pädagogik aufkommen, und Schleiermacher, der wahre Pädagoge, muß in seinem System Lücken lassen, um der Pädagogik Raum zu schaffen".[22] Pädagogik besteht darin, bewußt für die eine oder andere Seite der Lebenswirklichkeit Stellung zu nehmen und nicht ins dialektische Denken der relativen Berechtigung beider Seiten in einem übergeordneten Ganzen auszuweichen. „Die dialektische Methode behandelt die Antinomie nicht als im Leben auftretende Realität, sondern bringt sie auf eine logische Formel, die gewonnen ist durch ein rückwärtiges Analysieren von der vorgefaßten Synthese her, indem erst von dieser Synthese aus die Auflösung der konkreten Widerspruchssituation in die Elemente des Gegensatzes geschieht. Anstatt zu einer wahren Lösung, einer Bewältigung des Widerspruchs, kommt sie zu einer Auflösung, einer Zersetzung der Wirklichkeit, die kein logisches Synthetisieren in ihrem ursprünglichen vollem Gehalt wieder herstellen vermag".[23] Die „realen Antinomien des Lebens", die zur Entscheidung als pädagogischer Haltung zwingen, sind ihr im Bezugsfeld von „Kultur, Kind und Erwachsenen" vor allem Körper und Geist, Freiheit und Gesetz, Lösung und Bindung, Individuum und Gemeinschaft, Subjekt und Objekt, Hingabe und Selbstbewahrung.[24] Nicht ihre dialektische Vermittlung, sondern die konkrete Entscheidung für das eine und damit gegen das andere ist Aufgabe der pädagogischen Theorie.

W. Klafki hat sich in einer seiner früheren Arbeiten[25] mit E. Hoffmanns objektivistischer Konzeption der Dialektik auseinandergesetzt und – echt hermeneutisch – nachgewiesen, wieviel an Konstruktion des erkennenden Subjektes in den von ihr aufgewiesenen scheinbar objektiven Widersprüchen des Lebens steckt. W. Klafki führt die Dialektik in der Pädagogik zurück auf die Bahnen, die sie in Schleiermacher und der geisteswissenschaftlichen Pädagogik genommen hatte. Diese „begreifen sie als einen Wirkungszusammenhang dialektisch aufeinander bezogener Momente, und dieses Begreifen ist nichts anderes als die dialektische Entwicklung ihrer Gedanken selbst. Sie gehen (erstens) von den in der geschichtlichen Erziehungswirklichkeit als Antinomien erscheinenden Spannungen aus, durchschauen (zweitens) die anfänglichen Gegensätze auf die in ihnen sichtbar werdenden Polaritäten hin, erschließen (drittens) diese in dialektischer Denkbewegung als Wirkungszusammenhänge und rechtfertigen (viertens) die einfache ‚Aufhebung' im Gedanken durch den Hinweis auf konkrete Phänomene oder Aufgaben, in denen die Lösung als pädagogische Leistung sich je und je vollzieht oder doch möglich wird".[26]

In den siebziger Jahren erfuhr die Dialektik durch die Kritische Theorie der Erziehung im Anschluß an die Kritische Theorie der Frankfurter Schule oder im direkten Rückgriff auf Marx in der Pädagogik wieder eine neue Wende. Das „dialektische Theorieverständnis"[27] dient dazu, das sich in den Erziehungsinstitutionen und in der Praxis zeigende Verhältnis von Herrschern und Beherrschten aufzudecken und gerade auch in der pädagogischen Theoriebildung den Demokratisierungsprozeß voranzutreiben.[28] Die Dialektik bezieht sich vor allem auf die Antinomie des gesellschaftlichen Zusammenhangs, und man kann auch hier verschiedentlich das objektivistische Mißverständnis der Dialektik wieder antreffen.[29] Vor allem aber wird die Dialektik eines möglichen Objektbereiches mit der Dialektik als solcher identifiziert.

3. Dialektik als Sonderfall der Hermeneutik

Man sieht: Wie der Empirismus, wenn er glaubt, daß seine Basissätze die soziale Wirklichkeit abbilden, wie die Hermeneutik, wenn sie glaubt, das Vorverständnis als Hypothese eines sich am Text oder an der Wirklichkeit bestätigenden Sinnes ansehen zu können, wie die Phänomenologie, wenn sie glaubt, das in der Erfahrung Gegebene sei der Gegenstand in seinem Ansichsein, so hat auch die Dialektik ihr objektivistisches Mißverständnis. Wohl keine Forschungs- und Erkenntnismethode ist gegen die naive Gleichsetzung des Erkenntnisinhaltes mit dem untersuchten Objekt gefeit. Deswegen soll die objektivistische Auffassung der Dialektik, die der Hermeneutik absolut wesensfern ist, hier auch nicht weiter untersucht werden.

Die Dialektik in der ursprünglichen Konzeption, die sich durch ihre ganze Geschichte zieht, ist als hermeneutisches Verfahren anzusehen. Ihr Anliegen ist von Platon her eindeutig hermeneutisch. Es geht ihr darum, einen Gegenstand in seiner je eigenen Besonderheit, in seiner Wahrheit, zu entschlüsseln und zwar so, daß er als Einzelner im Zusammenhang, in jener Totalität, entdeckt wird, die wesensmäßig, sinngemäß, zu ihm gehört. Dialektik bedeutet ja, durch denkerische Bewegung zwischen Gegenpolen einen Sinnzusammenhang zu konstruieren, in dem das Einzelne seinen ihm wesensmäßig zukommenden Ort findet. In dieser dialektischen Aufschlüsselung des Gegenstandes werden Erfahrungen zugelassen, die sich nicht auf die kontrollierte Beobachtung physischen Verhaltens beschränken, sondern darüber hinaus auch den ganzen denkerischen und empfindenden Umgang des forscherischen Subjektes mit seinem Gegenstand umfassen. Subjektiv bestimmte Einsichten, vortheoretisch akkumulierte Erkenntnisse, sprachlich bewahrte Zugänge zum

Gegenstand – alles das läßt die Dialektik zu. Und als hermeneutisches Verfahren ist auch ihr die Zustimmung der Forschergemeinschaft und der von der Theorie Betroffenen zum aufgewiesenen Befund das eigentliche Wahrheitskriterium.

Und mehr noch als nicht-dialektische Hermeneutik will die Dialektik nicht zu einer immer-gültigen Feststellung des Gegenstandes kommen. Sie ist ja schon als Verfahren auf die ständige Weiterführung des, wenngleich nicht faktischen, Gesprächs über den Gegenstand angewiesen. Dialektik erfährt ihren Impetus aus der Einsicht, daß alle Einzelnen letztlich „aufgehoben" sind in einem übergeordneten Ganzen, gleichzeitig aber ist sie immer wieder angetrieben, über das erreichte Niveau noch hinauszukommen, um dem Gegenstand noch gerechter zu werden. So hat man ihr oft vorgeworfen, sie führen ins Unendliche, ins Nichts, in die Leerformel, weil alle erreichten gedanklichen und praktischen Lösungen, ja immer als Ausganspunkt für neue dialektische Prozesse benützt werden könnten. Teilweise nimmt das Wort „Dialektik" bzw. „Dialektiker" dann einen pejorativen Klang an, aber was man dann damit meint, ist nicht Dialektik, sondern eine zur Sophistik denaturierte Dialektik. Im Normalfall des Verfahrens kann man wie bei der Hermeneutik durchaus eine Grenze ziehen zwischen der Notwendigkeit weiterer Gedankenarbeit und dem unhermeneutischen, nicht am Gegenstand orientierten leeren Gerede. Als Kriterium dient wie bei der Hermeneutik die Frage, was der Forscher mit seinen Untersuchungen anstrebt, also die Frage der „Applikation", und die Frage, wie weit der Forscher ausgreifen muß, um sich den Mitverständigen verständlich zu machen. (Vgl. Kap. I, 3) Dennoch ist an dem Vorwurf des Nie-enden-Wollens des Verfahrens insofern etwas Richtiges, als die Dialektik eben ständiger Vollzug der Vernunft ist. Sie ist „das Gespräch, das wir sind",[30] und gerade auch in der Pädagogik.

Als Sonderfall der Hermeneutik und nicht als Hermeneutik schlechthin ist die Dialektik insofern anzusehen, als zur hermeneutischen Sinnkonstitution, zur Erkenntnisgewinnung über einen Gegenstand, nicht unbedingt das Denken in Gegenpolen gehört. Zwar mag es, gerade in der pädagogischen Theoriebildung, viele Gegenstände geben, die sich durch die dialektische Methode erschließen lassen, eben weil Erziehung wesentlich mit Dialog, Kommunikation und Interaktion zu tun hat. Aber es gibt auch hier sehr viele Sinnzusammenhänge, die im einfachen denkerischen und erfahrungsmäßigen Fortschreiten zu konstituieren sind. Hermeneutische Sinnkonstitution ist umgreifender als die nur durch Dialektik gewonnene.

Und dennoch ist das Verhältnis zwischen Hermeneutik und Dialektik doch noch etwas enger und etwas komplizierter als das zwischen Hermeneutik und Phänomenologie. Dialektik ist kein Grenzfall und auch nicht nur eine Teilmenge des hermeneutischen Verfahrens, eben jene, die zur Konstitution von Sinnzusammenhängen auf eine Bewegung zwischen Gegenpolen zurückgreift. Auch die Hermeneutik als solche greift in wesentlichen konstitutiven Momenten ihres Verfahrens auf dialektische Figuren zurück. Dies zeigte sich schon bei der Untersuchung des hermeneutischen Zirkels zwischen erkennendem Subjekt und erkanntem Objekt. (Vgl. Kap. I, 4) Der Zirkel bedeutet ja nicht mehr und nicht weniger, als daß man sich die hermeneutische Reflexion zwischen den einander bedingenden Gegenpolen Subjekt und Objekt bewegt. Es gibt für die Hermeneutik keinen einbahnigen Weg vom Subjekt zum Objekt, wie die deduktiven Verfahren ihn brauchen, und auch keinen einbahnigen Weg vom Objekt zum Subjekt, wie ihn die Abbildtheorien voraussetzen. Es gibt nur die dialektische Bezogenheit und die damit verbundene zirkuläre Denkbewegung. Ein für die Hermeneutik ebenfalls konstitutives Element, die Annahme, daß das Einzelne als Einzelnes wesentlich auch durch die Totalität eines übergeordneten Ganzen bestimmt ist, ist ja auch eine dialektische Denkfigur. Einzelheit und Totalität bedingen einander, in der Bewegung zwischen beiden liegt Wahrheit über beide.

Hermeneutik kann wohl in ihren Grundannahmen dialektischer Denkfiguren nicht entbehren. Müßig ist es, nun zu fragen, was wesentlicher wäre, Hermeneutik oder Dialektik; diese Frage wäre gleichermaßen undialektisch wie unhermeneutisch. Ebenso unrichtig ist es, Hermeneutik und Dialektik einfach gleichzusetzen. Dies geschieht in jüngster Zeit, vor allem seit der Hermeneutikkonzeption von J. Habermas[31], schon mal häufiger. Hermeneutische Reflexion erschöpft sich nicht in Dialektik. Dialektik ist ein Sonderfall der Hermeneutik.

X Pädagogische Hermeneutik verschiedener erziehungswissenschaftlicher Disziplinen

1. Allgemeine Pädagogik und die verschiedenen erziehungswissenschaftlichen Disziplinen

Hermeneutik als transzendentale Reflexion der jeden Erkenntnis- und Forschungsakt mit bestimmenden Momenten leistet einen wesentlichen Beitrag zur Konstitution der verschiedenen erziehungswissenschaftlichen Disziplinen und zur Klärung ihres Verhältnisses zur Allgemeinen Pädagogik. Die entscheidende Frage für die einzelnen erziehungswissenschaftlichen Disziplinen und für die pädagogische Theoriebildung schlechthin ist die, wie weit sich die verschiedenen Disziplinen als allgemeine pädagogische Wissenschaft verstehen. Nur in der immer wieder vollzogenen Reflexion dieses Fragenkomplexes kann die Pädagogik so etwas wie eine eigene Identität zurückgewinnen bzw. erlangen. Wird die Frage negativ beantwortet, dann fällt die Pädagogik in eine Reihe von nebeneinander bestehenden Bindestrich-Pädagogiken auseinander die allenfalls das gemeinsam haben, daß sie irgendwie mit „Erziehung" im weitesten Sinne zu tun haben. Aber dieses „mit Erziehung zu tun haben" ist dann so zu bestimmen, daß etwa Erziehung im Vorschulalter etwas ganz anderes ist als Erziehung im Erwachsenenalter oder Erziehung devianter Jugendlicher, wofür es sicherlich auch Argumente geben mag.

Die Hermeneutik arbeitet hier die mit dem Begriff der Erziehung und auch mit der „Erziehung als Tatsache"[1] immer schon gemachten Voraussetzungen auf, die vielleicht bedeutender sind als die die Erziehungsbegriffe der verschiedenen erziehungswissenschaftlichen Disziplinen trennenden Momente und die als Vorverständnis in jeden Erziehungsakt und jede pädagogische Theoriebildung eingehen. Wo immer erzogen wird und über Erziehungsakte theoretisiert wird, ist nämlich schon entschieden, daß es so etwas wie ein Recht und eine Notwendigkeit von Erziehern gibt, auf Zöglinge bildnerisch einzuwirken. Es ist auch schon entschieden, daß der Erzieher den Zögling nicht mit beliebigen Bildungs- und Erziehungszielen und auch nicht mit willkürlichen Erziehungsprozessen konfrontieren darf, sondern nur mit solchen, die der Zögling – mündig geworden oder wenn er gar schon als mündiger am Bildungsprozeß teilnimmt – von sich aus akzeptieren kann. Erziehung hat überhaupt nur Sinn, wenn der Erzieher im Zögling die Vernunftstruktur des Menschen und damit seine potentielle Gleichwertigkeit anerkennt und die Erziehung darauf anlegt, sich selbst in diesem Prozeß mehr und mehr zurücknehmen zu können. Erziehung hat ebenfalls nur dann Sinn, wenn der Erzieher überzeugt ist, daß es – bei Anerkennung der Eigenentwicklung des Zöglings – etwas gibt, das es wert ist, daß der Zögling dort hineingebildet wird. „Mut zur Erziehung"[2] ist eigentlich eine Tautologie, und es sagt viel über eine Gesellschaft aus, wenn darüber eine Debatte geführt werden muß. Wenn es jenen Horizont, in den den Zögling hineinzubildenden der Erzieher angehalten ist, nicht gäbe oder wenn das der Beliebigkeit von Einzelpersonen, herrschenden Mächten, vielleicht gar Moden ausgesetzt wäre, dann könnte sich Erziehung schnell zugunsten totaler Sozialisationstechnik auflösen und Pädagogische Theorie in einer allgemeinen Sozialisationswissenschaft, Unterabteilung: gesteuerte Sozialisation, aufgehen. Und vielleicht sagt es wiederum viel über unsere Gesellschaft aus, daß lange Zeit der Sozialisationsbegriff vor oder gleichzeitig mit dem Erziehungsbegriff genannt wurde.[3]

Die hier kurz umrissenen Grundfragen pädagogischer Theoriebildung erfordern Reflexionen, die von dem Selbstverständnis des Menschen als Menschen über die gesellschaftliche Situation unserer Zeit, über die Notwendigkeit, Wirksamkeit bzw. Nichtnotwendigkeit und Unwirksamkeit unserer Tradition bis zu Einzelfragen des Erziehungsaktes reichen. Aber nur wenn diese Fragen thematisiert und argumentativ erschlossen werden, kann die auf die verschiedenen Einzelgebiete bezogene erziehungswissenschaftliche Forschung beginnen. Denn die Logik der pädagogischen Forschung wird durch eben diese Grundfragen entscheidend geprägt – ganz gleich ob sie nun diskutiert wurden oder nicht. Die Tücke des Objektes trifft allerdings jene, die glauben, einen Zugang zu ihrem Gegenstand zu finden, der diese Fragen außer Reflexion setzen und damit vermeintlich neutralisieren könnte. Pädagogik hat eben diese prekäre Voraussetzung, daß sie wesentlich identisch ist bzw. daß sie selbst produziert, was sie nachher als Gegenstand ihrer Theoriebildung aufzufinden glaubt. Wo aber Subjekt und Objekt in vielem eins sind, da ist Reflexion bzw. Selbstreflexion integraler Bestandteil der Wissenschaft. Dies gilt umso mehr, wenn das Moment von allgemeiner Struktur einer Wissenschaft und Besonderheit einzelner Disziplinen auftaucht.

2. Schulpädagogik

Die Schulpädagogik steht hier als Prototyp institutionalisierter Erziehung noch nicht mündiger Menschen. Mit Recht gilt sie nach wie vor als Kernbereich pädagogischer Theoriebildung[4], und hier stellt sich die Frage des angemessenen Zugangs der pädagogischen Theorie zu ihrem Gegenstand auch am schärfsten. Sämtliche Untersuchungen über soziale Funktionen der Schule[5] und auch über einzelne Schultypen bleiben so lange unbefriedigend, als nicht gleichzeitig auch die Frage bearbeitet wird, was die Schule leisten soll und wie die Schule zu dem geworden ist, was sie heute faktisch und theoretisch darstellt. Denn auch die Frage, was die Schule als institutionalisierte Erziehung in einer Gesellschaft bewirken soll, wird allein der Schule auch nicht gerecht. Sie kann allzu leicht in ein instrumentalistisches Denken führen, zu der Absicht, die ideale Schule am Reißbrett zu konstruieren. Man darf nicht vergessen, daß die Schule eine mit dem Gesamt der Gesellschaft eng verbundene und geschichtlich gewachsene Institution ist. Als solche ist sie Niederschlag der Erfahrungen und theoretischen und praktischen Bemühungen von Generationen. Das gibt ihrer heutigen Erscheinungsform keinen Grund zur Perpetuierung, aber vielleicht uns doch Anlaß, pfleglich mit ihr umzugehen.

Diesen rechten Umgang, eingebettet zwischen theoretischer Demut und praktischem Wagemut, lehrt die Hermeneutik. Sie macht klar, daß das, was da als Gegenstand unserer Theoriebildung auftaucht, uns bis ins letzte mit geprägt hat. Sie setzt aber das Bestehende und faktisch Aufweisbare nicht als gleichsam naturwüchsig, als etwas, dessen Funktion und Gesetzmäßigkeiten man nur aufweisen kann, absolut, sondern sie deckt argumentative Alternativen auf und kann zu praktischen Weiterentwicklungen führen, die dem Sinnhorizont der Betroffenen und der gesellschaftlich-geschichtlichen Situation angemessen sind.

3. Erwachsenenbildung, Berufspädagogik, Sozialpädagogik

Allen drei erziehungswissenschaftlichen Disziplinen ist gemeinsam, daß sie permanente Reflexion über den Gegenstand ihrer Theoriebildung und seinen Bezug zum Erziehungsbegriff schlechthin erfordern. Über die Bereiche, „Anwendungsfelder“[6], in denen der Erwachsenenbildner, der Berufspädagoge und der Sozialpädagoge als Erziehungspraktiker tätig sind, wird man noch relativ leicht zu einem Konsensus kommen.

Wenn dann aber die spezifischen Erziehungsmerkmale dieser sich ja Pädagogik nennenden erziehungswissenschaftlichen Disziplinen in Frage stehen, sind tiefergehende Auseinandersetzungen unumgänglich. Und erst wenn dies hinreichend durchleuchtet ist, läßt sich ein spezifischer Zugang zum Objektbereich rechtfertigen.

In der Erwachsenenbildung stellt sich diese Frage am zugespitzesten und läßt sich mit wenigen Sätzen umreißen. Mit welchem Recht, quid juris, kann man mündige Menschen zum Lernen, zur „Weiterbildung" durch welchen Begriff man den Erwachsenenbildungsbegriff ja vielfach ersetzt hat[7], auffordern? Was bedeutet Bildung als Pädagogik im Erwachsenenalter? Wenn man sich heute die verschiedenen Argumentationen anschaut, vor allem jene, die sich um die Begriffe „Emanzipation" und „life-long learning" bzw. „éducation permanente" ranken, dann kommt man um die Feststellung nicht umhin, daß hier ganz massive Herrschaftsansprüche der als ‚Bildner' ja ‚Gebildeten' auftreten, die eigentlich erst einmal aufgearbeitet werden müßten. Wo schlägt die erzieherische Verantwortung, den noch nicht gleich Gebildeten auf ein anderes Niveau führen zu wollen, um in eine Entmündigung der Zu-Belehrenden?[8] Und mit der quaestio juris eng verbunden ist die Frage, wie man das als notwendig Erkannte menschlich angemessen in den Horizont der Betroffenen einbringt. Und das sind Fragen, die vor jeder didaktischen, methodischen und institutionellen Konzeption, wie „offene Curricula", „adressatenorientiertes Angebot", „Zertifikatsvergabe" zu klären sind. Diese eher technologischen Momente der Erwachsenenbildung sind vermutlich wissenschaftlich nur deshalb so interessant, weil sie die eigentlich pädagogische Frage zu umgehen scheinen.

Die Frage nach den konstitutiven Momenten der Pädagogik bzw. des Erziehungsbegriffes in seinem spezifischen Anwendungsfeld stellt sich ähnlich radikal auch in der Berufspädagogik, wenngleich ein wenig anders akzentuiert. Wie weit kann und muß der Einfluß des Erziehers und damit der Pädagogik in der Frage der Qualifikation des Menschen für Beruf und Wirtschaft gehen? Der mit dem Erziehungsbegriff immer schon mitgesetzten erzieherischen Verantwortung obliegt hier vor allem die Besinnung auf das im Zögling angelegte Recht auf seine Selbstverwirklichung; aber eben stets unter dem Aspekt, daß der Zögling einen Platz in der Gesellschaft als den von ihm frei und eigenverantwortlich gewählten übernehmen kann. Die alte pädagogische Dialektik von Hineinbilden in die Gesellschaft und freier Entfaltung aller im Zögling angelegten Anlagen wird hier besonders akut. Die so lebhaft diskutierte Frage nach dem Verhältnis von allgemeiner und beruflicher Bildung[9] ist nur ein Ausweichen in vielleicht empirisch beantwortbare Fragen vor dieser Grundfrage berufspädagogischer Theoriebildung.

In der Sozialpädagogik ist der implizite Pädagogik- und Erziehungsbegriff wohl am heikelsten ausgelegt. Wenn es dieser erziehungswissenschaftlichen Disziplin um Erziehung in Fällen „pädagogischer und sozialer Notlagen", um deren Beseitigung bzw. Verhütung, geht, dann muß ja wohl die Pädagogik als solche vorher schon einmal versagt haben. Und hier genau liegt das eigentliche Problem sozialpädagogischer Theoriebildung. Wie weit und unter welchem Kriterienhorizont darf sich eine Wissenschaft vom Menschen anmaßen, von Devianz bzw. Gefährdung zu sprechen und sich dann für zuständig erklären? Irgendwo fängt doch solch eine erziehungswissenschaftliche Disziplin an, sich selber erst eine Klientel und damit einen Gegenstand der Theoriebildung zu schaffen. Natürlich kann man jetzt leicht antworten, daß sich die Sozialpädagogik im 19. Jahrhundert aus den realen Nöten der Zeit entwickelte.[10] Das ist sicherlich richtig; aber es ist etwas anderes, wenn sich Erzieher als Erzieher pädagogisch in Not geratener Menschen annehmen, als wenn sich eine wissenschaftliche Disziplin anheischig macht, kraft diskutiert oder undiskutiert akzeptierter Normen ganze Bereiche aus dem herkömmlichen Erziehungswesen und der Pädagogik herauszulösen, weil diese ihnen angeblich nicht gerecht werden. Sollte Sozialpädagogik nicht ständig bemüht sein, sich selbst überflüssig zu machen und eben nur Pädagogik zu sein?

4. Grenzwissenschaften: Philosophie, Psychologie, Soziologie, Biologie, Theologie

Die hier „Grenzwissenschaften"[11] genannten Wissenschaften galten jede für sich einmal als Grundlagenwissenschaft der Pädagogik; auch die Biologie, die in der Form der „Rassentheorie" und der naturgegebenen „Führung" im Nationalsozialismus das grundlegende erziehungswissenschaftliche Paradigma war. Es ist natürlich klar, daß die Pädagogik als Theorie der Erziehung es mit einem so weiten Gegenstandsbereich zu tun hat, daß sie stets auf eine Reihe anderer Wissenschaften vom Menschen verwiesen ist. „Die Fragen der Erziehung stehen nämlich in enger Beziehung zur Leiblichkeit, Bildsamkeit, zu den soziologischen Gegebenheiten, zur ständigen Veränderung der gesamten Lebenssituation des

Heranwachsenden. Ihre Beantwortung erfordert deshalb die gemeinsame Anstrengung und das Zusammenwirken besonders jener Disziplinen, die sich vorwiegend mit dem Menschen beschäftigen."[12]

Aber ein Irrweg wäre es, die Pädagogik aus einer der genannten Wissenschaften oder aus mehreren ableiten zu wollen. Die Pädagogische Hermeneutik kann hier den angemessenen Zugang zu den Grenzwissenschaften weisen. Sie thematisiert und arbeitet auf jenes spezifische pädagogische Vorverständnis, unter denen sich der Forscher mit Theorien der Grenzwissenschaften beschäftigt. Diese sind eben nicht als solche interessant und schon gar nicht pädagogisch dominierend, sondern nur insofern, als sie etwas zur Theorie der Erziehung in allen ihren Dimensionen beitragen. Die Einsicht I. Kants, daß ein Gegenstand nur auf jene Fragen antwortet, die der Forscher ihm stellt, gilt auch hier. Die Grenzwissenschaften sind pädagogisch nur dann fruchtbar, wenn sie in pädagogischer Fragestellung angegangen werden.

Da das pädagogische Vorverständnis notwendigerweise in einem Zug von der biologischen und psychischen Entwicklung des Menschen über seine gesellschaftliche Bezogenheit bis zu der Frage nach dem Sinn des Lebens und der Rückbezogenheit des Menschen auf ein ihn bedingendes Absolutes reicht, sind alle Grenzwissenschaften stets in gleicher Weise in allen ihren Bezügen pädagogisch relevant. Offenheit und damit ein forscherisch praktizierter hermeneutischer Zirkel zwischen pädagogischer Vorfrage und grenzwissenschaftlich aufgewiesenen Objekten ist also unumgänglich.

Bezüglich einzelner Wissenschaften scheint es heute so zu sein, daß empirische Untersuchungen in der Erziehungswissenschaft im wesentlichen noch durchweg psychologische und soziologische, vielleicht manchmal auch biologische, Fragestellungen enthalten; direkte empirische Untersuchungen in pädagogisch-praktischer Absicht gibt es kaum.[13] Die Frage nach dem Sinnhorizont der Erziehungstätigkeit und damit der pädagogischen Wissenschaft orientiert sich mehr an philosophischen und theologischen Fragestellungen im weitesten Sinne. Pädagogische Hermeneutik könnte wesentlich dazu führen, die einzelwissenschaftliche Erkenntnisgewinnung wieder enger zusammenzunehmen, die Untrennbarkeit aller grenzwissenschaftlich aufgewiesenen Dimensionen in einem pädagogischen Akt herauszustellen.

Schluß

Pädagogische Hermeneutik und die Folgen

Die vorliegende Untersuchung ist in doppelter Hinsicht Analyse eines Ist-Bestandes. Zum einen weist sie auf, was hermeneutisch orientierte wissenschaftstheoretische Konzeptionen von Pädagogik immer schon an hermeneutischer Reflexion in die pädagogische Theoriebildung eingebracht haben. Zum anderen legt sie dar, welche Momente im pädagogischen Forschungsakt wie in der Erkenntnis schlechthin als transzendental notwendige immer schon mit aktualisiert sind. Verstehen als Anthropologicum bedeutet, daß in jedem Erkenntnisakt ein an Sprache und Tradition gebundenes Vorverständnis und ein Zirkel des Verständnisses mit wirken. Über das Deskriptive hinaus geht natürlich die in der Untersuchung immer wieder sich durchsetzende Forderung, die in der hermeneutischen Reflexion zu thematisierenden Momente auch in jedem Forschungsakt methodisch zur Geltung zu bringen, pädagogische Theoriebildung stets auch als jene pädagogische Hermeneutik zu betreiben, die sie – wenn auch oft unbewußt und uneingestanden – doch notwendigerweise stets ist. Die Wirksamkeit des hermeneutischen Verfahrens liegt in der Bewußtheit, die dieses Verfahren in Forschungs- und Erkenntnisakte einbringt.

Eine solche Reflexion dessen, was in der pädagogischen Theoriebildung geschieht, würde nicht ohne Folgen für die pädagogische Theorie und die Erziehungspraxis bleiben. Die wichtigste Konsequenz wäre wohl ein Abbau des objektivistischen Scheines[1] der pädagogischen Theorie. Dem Forscher stellt sich klar, daß das, was sich ihm als Gegenstand seiner Theorie anbietet, nicht der Gegenstand in seinem unveränderlichen gesetzmäßigen Ansichsein ist, sondern daß er ein durch viele Prozesse vermitteltes Konstrukt ist. Der Gegenstand wird nicht mehr als vom erkennenden Subjekt unabhängig hypostasiert, sondern in den Prozeß des Forschens und Erkennens und seinen beide bedingenden Horizont mit aufgenommen. Für die Pädagogik ist diese Einsicht die Grundlage ihrer Existenz als Wissenschaft: soziale Institutionen, Begabungsreserven, schichtspezifische Sozialisation, Intelligenzquotienten, Testergebnisse – das alles sind nicht unwandelbare, naturwüchsige Konstellationen der Erziehung, denen man zunächst nur erkennend gegenübertreten kann, sondern sie sind auch von Menschen und gerade vom Erziehungswissenschaftler strukturierte und gestaltete Praxis. „Tatsachenwissenschaften" als solche verfehlen den Zugang zu ihnen. Denn als Praxis verschließen sie sich zumeist einer globalisierenden, auf Gesetze bestehenden Theoriebildung. Praxis besteht überwiegend aus je einzelnen Fällen, und Einzelfälle sind wesensmäßig etwas anderes als Sonderfälle eines sozialwissenschaftlichen Gesetzes.

Die zweite Folge einer pädagogischen Hermeneutik gehört unmittelbar zur Rehabilitierung des Gegenstandes pädagogischer Theorie. Wenn nicht mehr von verdinglichten Strukturen, Objekten einer festgelegten Methodik ausgegangen wird, wenn der Einzelfall wieder wirklich als Einzelfall in die Theorie aufgenommen werden kann, dann gewinnt die pädagogische Theorie ein neues Verhältnis zur sozialen Lebenswelt. Sie wird als Pädagogik vielleicht nicht mehr so sehr Theorie *über* bestimmte Gegenstände eines Objektbereiches sein, sondern vielmehr Theorie *eines* solchen oder sogar *in* einem solchen. Die Betroffenen erkennen sich und ihre Lebenswelt in einer solchen Theorie wieder – und zwar nicht als Objekte, Reproduktionen starrer sozialwissenschaftlicher Schemata, sondern als Subjekte eines Kommunikations- und Interaktionszusammenhanges. Mag durchaus sein, daß das manchmal auf Kosten der Prägnanz und der empirischen Überprüfbarkeit einer Theorie geht, aber die Theorie wäre dafür um so mehr Aufklärung, Erkenntnisgewinn einer bestimmten Lebenswelt, um die es ihr ja letztlich stets auch geht.

Als unmittelbare Aufklärung einer spezifischen Lebenswelt wäre die pädagogische Theorie dann auch wieder wahrhaft praktische Theorie. Eine praktische Theorie ist eine solche, die den kürzesten Zugang zu jenem Bereich findet, in dem man handelnd tätig sein will. Hier soll noch einmal dem weitverbreiteten Mißverständnis entgegengetreten werden, daß hermeneutische Theorien Wissen ‚höherer Regionen', Buchwissen sei und daß allein mit den empirischen Methoden gewonnene Theorien gleichsam die Gewähr dafür böten, sozialer Wirklichkeit näherzukommen. Das, was im empirischen Forschungsakt von einer Lebenswelt thematisiert werden kann, ist ein durch Analyse von ganz wenigen Variablen so gewonnenes Konstrukt, daß es zumeist praktisch folgenlos bleiben muß. Denn die Praxis ist unendlich viel mehr und anderes als empirisch-analytische Theorien hergeben. Praxisrelevanz gewinnt eine Theorie in dem Maße, in dem sie die Bezüge aufweist, die sich dem handelnden Individuum als handlungsrelevant erschlossen haben oder ihm erschlossen werden müssen. Hier spielt dann über einzelne Variable hinaus das Ganze der Lebenswelt eine entscheidende Rolle.

Eine weitere Folge einer pädagogischen Hermeneutik wäre auch, daß vielleicht weniger refomiert, konstruiert und experimentiert wird, dafür aber eine Identifikation der handelnden Individuen mit dem notwendigen Wandel gewonnen werden könnte dadurch, daß die Individuen in ihrer Gebundenheit an Tradition durch Aufklärung eine Identität gewinnen, die sie Wandel anders auffassen lassen. So lange die Menschen sich als Objekte sozialer Gesetze und damit sozialen Wandels begreifen müssen, werden sie ihnen mit Recht skeptisch gegenüberstehen. Da nützt es auch nichts, wenn man – wie vielfach vorgeschlagen – die Gesetze in ihren Horizont hineininterpretiert.[2] Die Menschen kommen sich in ihnen nach wie vor ‚außer sich', entfremdet vor. Wesentlich ist es, den substantiellen Wert der Tradition und die Position der Menschen in ihr zur Sprache und zur allgemeinen Diskussion zu bringen, dann entsteht aus der Auseinandersetzung mit dem, was wir sind, der Entwurf dessen, was wir sein wollen und folglich aus uns machen müssen. Die Bedeutung der Einsichten des Hermeneutikstreites zwischen H.-G. Gadamer und J. Habermas[3] für die Pädagogik ist doch augenfällig. „Ist nicht . . . eben dies die geschichtliche Situation und zugleich die zentrale Problematik unserer Gesellschaft als einer ‚offenen Gesellschaft', daß die Wahrheit, deren wir nach wie vor bedürfen, weil wir uns anders nicht selbst erkennen und bestimmen können, die Wahrheit unserer Geschichte ist, wozu auch gehört, daß bestimmte Aufgaben dieser unserer Geschichte auch uns noch aufgegeben sind und daß wir zur Erfüllung dieser Aufgaben uns immer auch an unsere Erfahrung mit uns selbst halten müssen, daß wir aber aufgrund eines zwar durch Jahrhunderte hindurch vorbereiteten aber nunmehr vollzogenen Wandels unserer geschichtlichen Lebenswelt gezwungen sind, uns erneut und umfassender, um nicht zu sagen radikaler als vorher mit unserer Vergangenheit auseinanderzusetzen, zugleich aber auch Verfahren der Sicherung von Freiheit, Verständigung und Fortschritt zu entwickeln haben, wie z. B. dem der rechtsstaatlichen Regelung unseres Umgangs miteinander, dem der demokratischen Willensbildung und dem der dialogischen Konsensbildung . . . Eben dies gilt auch und nicht zuletzt für die Pädagogik: Erstens muß die Erziehung immer auch eine Vermittlung der Überlieferung als der Summe der Erfahrung des Menschen mit sich selbst in seiner Geschichte sein. Zweitens muß Erziehungswissenschaft sich immer auch mit den pädagogischen Erfahrungen, wie sie in Berichten und Theorien überliefert sind, auseinandersetzen und sie zu verstehen, auszuschöpfen, aber auch zu hinterfragen versuchen. Auf diese Weise kann man dann auch verhindern, daß die pädagogisch interessierte Öffentlichkeit von einer Heilsbotschaft nach der anderen hin- und hergerissen wird, statt im Rahmen des geschichtlich-gesellschaftlichen Sinnvollen und Möglichen fortzuschreiten."[4] Pädagogische Theoriebildung darf und kann sich dieser Reflexion, eben der hermeneutischen, nicht entziehen, will sie wahrhaft pädagogische Theorie sein.

Anmerkungen

Einleitung: Pädagogische Theoriebildung vom Gegenstand oder von der Methode her?

1 Nicolin, F. (Hrsg.), Pädagogik als Wissenschaft, Darmstadt 1969, S. VII

2 Kuhn, Th. S., Die Struktur wissenschaftlicher Revolutionen, Frankfurt a. Main 1967, S. 28–43

3 Brezinka, W., Metatheorie der Erziehung, München, Basel 1978, S. 21–24

4 Sünkel, W., Über Emanzipation – in pädagogischer Hinsicht in: *Boehm, W.* u. *Schriever, J.* (Hrsg.), Geschichte der Pädagogik und systematische Erziehungswissenschaft, Stuttgart 1975, S. 274

5 Menze, Cl., Die Wissenschaft von der Erziehung in Deutschland in: *Speck, J.* (Hrsg.), Problemgeschichte der neueren Pädagogik Bd. I, Stuttgart 1976, S. 9–107

6 Brezinka, W., Metatheorie der Erziehung, München, Basel 1978, S. 42

7 Lassahn, R., Einführung in die Pädagogik, Heidelberg 1974, S. 23–58, 91–112, 113–150

8 Fischer, A., Deskriptive Pädagogik in: *Oppolzer, S.*, Denkformen und Forschungsmethoden der Erziehungswissenschaft Bd. 1, 1966, S. 83

9 Brezinka, W., Metatheorie der Erziehung, München, Basel 1978, S. 45

10 Gadamer, H.-G., Replik in: *Apel, K. O.* u. a., Hermeneutik und Ideologiekritik, Frankfurt a. Main 1971, S. 287

I Hermeneutik – Verfahren und Philosophie

1 Gadamer, H.-G., Art. „Hermeneutik" in: *Ritter, J.* (Hrsg.), Historisches Wörterbuch der Philosophie Bd. 3, Basel, Darmstadt 1974, Sp. 1062

2 Habermas, J., Der Universalitätsanspruch der Hermeneutik in: *Apel, K. O.*, u. a., Hermeutik und Ideologiekritik, Frankfurt a. Main 1971, S. 120

3 Gadamer, H.-G., Wahrheit und Methode, 4. Aufl. Tübingen 1975, S. 172–185

4 Ebd. 177

5 Ebd.

6 Dilthey, W., Die Entstehung der Hermeneutik in: Gesammelte Schriften Bd. V hrsg. v. *Misch, G.*, 4. Aufl. Göttingen, Stuttgart 1964, S. 318

7 Ebd. 321

8 Ebd. 323

9 Heidegger, M., Sein und Zeit, 9. Aufl. Tübingen 1960, S. 143

10 Gadamer, H.-G., Wahrheit und Methode, 4. Aufl. Tübingen 1975, S. XXVIII

11 Ebd. XXIX

12 Gadamer, H.-G., Art. „Hermeneutik" in: *Ritter, J.* (Hrsg.), Historisches Wörterbuch der Philosophie Bd. 3, Basel, Darmstadt 1974, Sp. 1071

13 Klafki, W., Hermeneutische Verfahren in der Erziehungswissenschaft in: *Klafki, W.* u. a., Funk-Kolleg Erziehungswissenschaft Bd. 3, Frankfurt a. Main 1971, S. 126

14 Ebd. 127

15 Ebd. 132

16 Ebd. 134–153

17 Brezinka, W., Metatheorie der Erziehung. Eine Einführung in die Grundlagen der Erziehungswissenschaft, der Philosophie der Erziehung und der praktischen Pädagogik, München, Basel 1978, S. 127

18 Habermas, J., Analytische Wissenschaftstheorie und Dialektik in: *Adorno, Th.* u. a., Der Positivismusstreit in der deutschen Soziologie, Neuwied 1969, S. 159

19 Brezinka, W., Metatheorie der Erziehung, München, Basel 1978, S. 128

20 Gadamer, H.-G., Wahrheit und Methode, 4. Aufl. Tübingen 1975, S. 290–323

21 Beck, J. u. a., Thesen zur emanzipatorischen Erziehung in: *Beck, J.* u. a., Erziehung in der Klassengesellschaft, München 1972, S. 151

22 Gadamer, H.-G., Wahrheit und Methode, 4. Aufl. Tübingen 1975, S. 307–323

23 Habermas, J., Zur Logik der Sozialwissenschaften, Frankfurt a. Main 1970, S. 251–284

24 Heidegger, M., Sein und Zeit, 9. Aufl. Tübingen 1960, S. 153

25 Habermas, J., Analytische Wissenschaftstheorie und Dialektik in: *Adorno, Th.* u. a., Der Positivismusstreit in der deutschen Soziologie, Neuwied 1969, S. 158

26 Gadamer, H.-G., Rhetorik, Hermeneutik, Ideologiekritik in: *Apel, K. O.* u. a., Hermeneutik und Ideologiekritik, Frankfurt a. Main 1971, S. 78

27 Gadamer, H.-G., Wahrheit und Methode, 4. Aufl. Tübingen 1975, S. 450

28 Habermas, J., Vorbereitende Bemerkungen zu einer Theorie der kommunikativen Kompetenz in: *Habermas, J.* u. *Luhmann, N.*, Theorie der Gesellschaft oder Sozialtechnologie, Frankfurt a. Main 1979, S. 101–141

II Der Gegenstand pädagogischer Theoriebildung

1 Spranger, E., Ist Pädagogik eine Wissenschaft? in: Gesammelte Schriften Bd. II, hrsg. v. *Bollnow, O. F.* u. *Bräuer, G.*, Heidelberg 1973, S. 342

2 Brezinka, W., Metatheorie der Erziehung, München, Basel 1978, S. 53

3 Flitner, W., Stellung und Methode der Erziehungswissenschaft in: *Nicolin, F.* (Hrsg.), Pädagogik als Wissenschaft, Darmstadt 1969, S. 375

4 Heitger, M., Was heißt normative Pädagogik? in: Erziehung und Unterricht 125 (1975), S. 733

5 Klafki, W., Zum Verhältnis von Theorie und Praxis in der Erziehungswissenschaft in: *Klafki, W.* u. a., Funk-Kolleg Erziehungswissenschaft Bd. 3, Frankfurt a. Main 1971, S. 175–183

6 Habermas, J., Gegen einen positivistisch halbierten Rationalismus in: *Adorno, Th.* u. a., Der Positivismusstreit in der deutschen Soziologie, Neuwied 1969, S. 235

7 Popper, K., Logik der Forschung, 6. Aufl. Tübingen 1976

8 Popper, K., Die Logik der Sozialwissenschaften in: *Adorno, Th.* u. a., Der Positivismusstreit in der deutschen Soziologie, Neuwied 1969, S. 104

9 Ebd.

10 Brezinka, W., Metatheorie der Erziehung, München, Basel 1978, S. 113

11 Bollnow, O. F., Empirische Erziehungswissenschaft und Hermeneutische Pädagogik in: Zschr. für Pädagogik 17 (1971), S. 687

12 Klafki, W., Hermeneutische Verfahren in der Erziehungswissenschaft in: *Klafki, W.* u. a., Funk-Kolleg Erziehungswissenschaft Bd. 3, Frankfurt a. Main 1971, S. 131–134

13 Bollnow, O. F., Empirische Erziehungswissenschaft und Hermeneutische Pädagogik in: Zschr. für Pädagogik 17 (1971), S. 688

14 Habermas, J., Analytische Wissenschaftstheorie und Dialektik in: *Adorno, Th.* u. a., Der Positivismusstreit in der deutschen Soziologie, Neuwied 1969, S. 159

15 Brezinka, W., Metatheorie der Erziehung, München, Basel 1978, S. 113

16 Ebd. 56

17 Flitner, W., Stellung und Methode der Erziehungswissenschaft in: *Nicolin, F.* (Hrsg.), Pädagogik als Wissenschaft, Darmstadt 1969, S. 375

18 Brezinka, W., Metatheorie der Erziehung, München, Basel 1978, S. 45

19 Bollnow, O. F., Existenzphilosophie und Pädagogik. Versuch über unstetige Formen der Erziehung, 4. Aufl., Stuttgart 1968, S. 42–59 und S. 119–131

20 Gadamer, H.-G., Wahrheit und Methode, 4. Aufl. Tübingen 1975, S. 343

21 Habermas, J., Analytische Wissenschaftstheorie und Dialektik in: *Adorno, Th.* u. a., Der Positivismusstreit in der deutschen Soziologie, Neuwied 1969, S. 156

22 Popper, K., Logik der Forschung, 6. Aufl. Tübingen 1976, S. 61

23 Ebd. 74

24 Habermas, J., Analytische Wissenschaftstheorie und Dialektik in: *Adorno, Th.* u. a., Der Positivismusstreit in der deutschen Soziologie, Neuwied 1969, S. 180

25 Popper, K., Die offene Gesellschaft und ihre Feinde, 2 Bde, 4. Aufl. München 1975

26 Brezinka, W., Von der Pädagogik zur Erziehungswissenschaft, Weinheim, Basel 1971, S. 84f.

27 Habermas, J., Erkenntnis und Interesse in: *Habermas, J.*, Technik und Wissenschaft als Ideologie, Frankfurt a. M. 1968, S. 164

28 Wittgenstein, L., Tractatus logico-philosophicus, 4. Aufl. Frankfurt a. Main 1963, S. 114–115

29 Gadamer, H.-G., Wahrheit und Methode, 4. Aufl. Tübingen 1975, S. 450

30 Habermas, J., Analytische Wissenschaftstheorie und Dialektik in: *Adorno, Th.* u. a., Der Positivismusstreit in der deutschen Soziologie, Neuwied 1969, S. 157

31 Habermas, J., Ein Literaturbericht: Zur Logik der Sozialwissenschaften in: *Habermas, J.*, Zur Logik der Sozialwissenschaften, Frankfurt a. Main 1970, S. 279

32 Mollenhauer, K., Erziehung und Emanzipation, 4. Aufl. München 1970, S. 14

33 Brezinka, W., Von der Pädagogik zur Erziehungswissenschaft, Weinheim, Basel 1971, S. 79; vgl. auch *Brezinka, W.*, Metatheorie der Erziehung, München, Basel 1978, S. 157f.

34 Brezinka, W., Metatheorie der Erziehung, München, Basel 1978, S. 152

35 Ebd.

36 Habermas, J., Analytische Wissenschaftstheorie und Dialektik in: *Adorno, Th.* u. a., der Positivismusstreit in der deutschen Soziologie, Neuwied 1969, S. 157

37 Gadamer, H.-G., Wahrheit und Methode, 4. Aufl. Tübingen 1975, S. 449

38 Brezinka, W., Metatheorie der Erziehung, München, Basel 1978, S. 25

III Normen, Werte und ihre Begründung

1 Albert, H. u. Topitsch, E. (Hrsg.), Werturteilsstreit, Darmstadt 1971

2 Brezinka, W., Metatheorie der Erziehung, München, Basel 1978, S. 92–104

3 Ebd. 101

4 Ebd. 100

5 Ebd. 189–235

6 Heitger, M., Über den Begriff der Normativität in der Pädagogik, in: Ergänzungshefte zur Vierteljahresschrift für wissenschaftliche Pädagogik, Neue Folge, Heft 4, Bochum 1966, S. 738

7 Flitner, W., Stellung und Methode der Erziehungswissenschaft in: *Nicolin, F.* (Hrsg.), Pädagogik als Wissenschaft, Darmstadt 1969, S. 375

8 Mollenhauer, K., Erziehung und Emanzipation, 4. Aufl. München 1970, S. 10

9 Brezinka, W., Metatheorie der Erziehung, München, Basel 1978, S. 73

10 Ebd. 225–227

11 Ebd. 228

12 Albert, H., Traktat über Kritische Vernunft, 3. Aufl. Tübingen 1975, S. 75

13 Ebd. 36

14 Ebd. 75

15 Spaemann, R., Sinnstiftung in einer hypothetischen Zivilisation in: Neue Zürcher Zeitung 10. Dez. 1976, S. 8

16 Habermas, J., Analytische Wissenschaftstheorie und Dialektik in: *Adorno, Th.* u. a., Der Positivismusstreit in der deutschen Soziologie, Neuwied 1969

17 Apel, K. O., Sprechakttheorie und transzendentale Sprachpragmatik zur Frage ethischer Normen in: *Apel, K. O.* (Hrsg.), Sprachpragmatik und Philosophie, Frankfurt a. Main 176, S. 104

18 Ebd. 125f.

19 Lorenzen, P. u. Schwemmer, O., Konstruktive Logik, Ethik und Wissenschaftstheorie, Wien, Zürich 1973, S. 109

20 Ebd.

21 Ebd. 117

22 Ebd. 119f.

23 Habermas, J., Der Universalitätsanspruch der Hermeneutik in: *Apel, K. O.* u. a., Hermeneutik und Ideologiekritik, Frankfurt a. Main 1971, S. 147

24 Lübbe, H., Pragmatismus oder die Kunst der Diskursbegrenzung in: *Lübbe, H.*, Philosophie nach der Aufklärung. Von der Notwendigkeit pragmatischer Vernunft, Düsseldorf, Wien 1980, S. 197

25 Ebd. 203

26 Ebd. 201 und 202

27 Ebd. 203

28 Ebd. 208

29 Lübbe, H., Philosophie nach der Aufklärung, Düsseldorf, Wien 1980

30 Albert, H., Traktat über Kritische Vernunft, 3. Aufl. Tübingen 1975, S. 57

31 Heidegger, M., Sein und Zeit, 9. Aufl. Tübingen 1960, S. 63–89

32 Habermas, J., Analytische Wissenschaftstheorie und Dialektik in: *Adorno, Th.* u. a., Der Positivismusstreit in der deutschen Soziologie, Neuwied 1968, S. 186

33 Heidegger, M., Sein und Zeit, 9. Aufl. Tübingen 1960, S. 62

34 Habermas, J., Technik und Wissenschaft als Ideologie in: *Habermas, J.*, Technik und Wissenschaft als Ideologie, Frankfurt a. Main 1968, S. 62

35 Brezinka, W., Von der Pädagogik zur Erziehungswissenschaft, Weinheim, Basel 1971, S. 142

36 Albert, H., Der Mythos der totalen Vernunft in: *Adorno, Th.* u. a., Der Positivismusstreit in der deutschen Soziologie, Neuwied 1969, S. 193

37 Habermas, J., Analytische Wissenschaftstheorie und Dialektik in: *Adorno, Th.* u. a., der Positivismusstreit in der deutschen Soziologie, Neuwied 1969, S. 186

38 Ulich, D., Probleme und Möglichkeiten erziehungswissenschaftlicher Theoriebildung in: *Ulich, D.* (Hrsg.), Theorie und Methode der Erziehungswissenschaft, Weinheim, Basel 1972, S. 15

IV Die historische Dimension der Pädagogischen Theorie

1 Brezinka, W., Metatheorie der Erziehung, München, Basel 1978, S. 169

2 Ebd. 178

3 Ebd. 180

4 Ebd. 178

5 Ebd.

6 Ebd. 172

7 Klafki, W., Hermeneutische Verfahren in der Erziehungswissenschaft in: *Klafki, W.* u. a., Funk-Kolleg Erziehungswissenschaft Bd. 3, S. 129

8 Ebd.

9 Hruschka, J., Das Verstehen von Rechtstexten. Zur hermeneutischen Transpositivität des positiven Rechts, München 1972, S. 34–46

10 Bollnow, O. F., Empirische Wissenschaft und Hermeneutische Pädagogik in: Zschr. für Pädagogik (17) 1971, S. 696

11 Brezinka, W., Metatheorie der Erziehung, München, Basel 1978, S. 152

12 Nohl, H., Die Möglichkeit einer allgemeingültigen Theorie der Bildung in: *Nicolin, F.* (Hrsg.), Pädagogik als Wissenschaft, Darmstadt 1969, S. 337

13 Habermas, J., Analytische Wissenschaftstheorie und Dialektik in: *Adorno, Th.* u. a., Der Positivismusstreit in der deutschen Soziologie, Neuwied 1969, S. 164

14 Gadamer, H.-G., Wahrheit und Methode, 4. Aufl. Tübingen 1975, S. XIX

15 Ebd. XXI

16 Brezinka, W., Metatheorie der Erziehung, München, Basel 1978, S. 183

17 Habermas, J., Erkenntnis und Interesse in: *Habermas, J.*, Technik und Wissenschaft als Ideologie, Frankfurt a. Main 1969, S. 152

18 Gadamer, H.-G., Rhetorik, Hermeneutik, Ideologiekritik in: *Apel, K. O.* u. a., Hermeneutik und Ideologiekritik, Frankfurt a. Main 1971, S. 78

19 Ebd.

20 Gadamer, H.-G., Wahrheit und Methode, 4. Aufl. Tübingen 1975, S. XXIX

21 Heidegger, M., Sein und Zeit, 9. Aufl. Tübingen 1960, S. 19

22 Habermas, J., Der Universalitätsanspruch der Hermeneutik in: *Apel, K. O.* u. a., Hermeneutik und Ideologiekritik, Frankfurt a. Main 1971, S. 151

23 Flitner, W., Das Selbstverständnis der Erziehungswissenschaft in der Gegenwart, 4. Aufl. Heidelberg 1966, S. 30

V Pädagogische Theorie und Erziehungspraxis

1 Oelkers, J., Die Vermittlung zwischen Theorie und Praxis in der Pädagogik, München 1976, S. 7–29

2 Klafki, W., Erziehungswissenschaft – Theorie einer Praxis, in: *Klafki, W.* u. a., Funk-Kolleg Erziehungswissenschaft Bd. 3, Frankfurt a. Main 1971, S. 175

3 Benner, D., Hauptströmungen der Erziehungswissenschaft, München 1973, S. 327–346

4 Litt, Th., Das Wesen des pädagogischen Denkens, in: *Nicolin, F.* (Hrsg.), Pädagogik als Wissenschaft, Darmstadt 1969, S. 271

5 Lassahn, R., Einführung in die Pädagogik, Heidelberg 1974, S. 47–56, 103–110, 143–151

6 Brezinka, W., Metatheorie der Erziehung, München, Basel 1978, S. 4

7 Brezinka, W., Von der Pädagogik zur Erziehungswissenschaft, Weinheim, Berlin 1971, S. 163

8 Brezinka, W., Metatheorie der Erziehung, München, Basel 1978, S. 25

9 Ebd. 236f.

10 Mollenhauer, K., Erziehung und Emanzipation, 4. Aufl. München 1970, S. 15

11 Litt, Th., Das Wesen des pädagogischen Denkens in: *Nicolin, F.* (Hrsg.), Pädagogik als Wissenschaft, Darmstadt 1969, S. 290

12 Bollnow, O. F., Empirische Wissenschaft und Hermeneutische Pädagogik in: Zschr. für Pädagogik 17 (1971), S. 705

13 Brezinka, W., Metatheorie der Erziehung, München, Basel 1978, S. 162–166

14 Habermas, J., Analytische Wissenschaftstheorie und Dialektik in: *Adorno, Th.* u. a., Der Positivismusstreit in der deutschen Soziologie, Neuwied 1969, S. 168

15 Brezinka, W., Metatheorie der Erziehung, München, Basel 1978, S. 25

16 Popper, K., Die offene Gesellschaft und ihre Feinde, 4. Aufl. München, Bern 1975

17 Brezinka, W., Metatheorie der Erziehung, München, Basel 1978, S. 47

18 Bollnow, O. F., Empirische Erziehungswissenschaft und Hermeneutische Pädagogik in: Zschr. für Pädagogik 17 (1971), S. 706

19 Lempert, W., Bildungsforschung und Emanzipation in: *Ulich, D.* (Hrsg.), Theorie und Methode der Erziehungswissenschaft, Weinheim, Basel 1972, S. 491

20 Bollnow, O. F., Empirische Wissenschaft und Hermeneutische Pädagogik in: Zschr. für Pädagogik 17 (1971), S. 695

21 Kümmel, Fr., Die hermeneutische Position im Positivismusstreit in: *Büttemeyer, W.* u. *Möller, B.*, Der Positivismusstreit in der deutschen Erziehungswissenschaft, München 1979, S. 149

22 Gadamer, H.-G., Wahrheit und Methode, 4. Aufl. Tübingen 1975, S. 371

23 Ebd. 450

24 Ebd. 462

VI Die Einwände des Kritischen Rationalismus gegen die Hermeneutik

1 Popper, K. R., Das Elend des Historizismus, 3. Aufl. Tübingen 1971

2 Albert, H., Traktat über kritische Vernunft, 3. Aufl. Tübingen 1975, Kap. IV–VI

Albert, H., Hermeneutik und Realwissenschaft in: *Albert, H.*, Plädoyer für kritischen Rationalismus, 3. Aufl. München 1973, S. 106–149

Albert, H., Der Mythos der totalen Vernunft in: *Adorno, Th.* u. a., Der Positivismusstreit in der deutschen Soziologie, Neuwied 1969, S. 193–234

Albert, H., Im Rücken des Positivismus?, Ebd. 267–306

3 Brezinka, W., Von der Pädagogik zur Erziehungswissenschaft, Weinheim, Berlin 1971

Brezinka, W., Metatheorie der Erziehung, München, Basel 1978

Brezinka, W., Die Krise der wissenschaftlichen Pädagogik im Spiegel neuer Lehrbücher in: Zschr. für Pädagogik 12 (1966), S. 53–88

4 Popper, K. R., Das Elend des Historizismus, 3. Aufl.Tübingen 1971, S. 5–27

5 Albert, H., Hermeneutik und Realwissenschaft in: *Albert, H.*, Plädoyer für kritischen Rationalismus, 3. Aufl. München 1973, S. 107

6 Ebd.

7 Brezinka, W., Metatheorie der Erziehung, München, Basel 1978, S. 36

8 Albert, H., Der Mythos der totalen Vernunft in: *Adorno, Th.* u. a., Der Positivismusstreit in der deutschen Soziologie, Neuwied 1969, S. 208

9 Piepmeier, R., Aporien des Lebensbegriffs seit Oetinger, Freiburg, München 1978

10 Newton, I., Papers and letters in natural Philosophy hrsg. v. *Cohen, J. B.*, London 1958

11 Husserl, E., Logische Untersuchungen, 3 Bde, 4. Aufl. Halle a. d. Saale 1928

12 Brezinka, W., Metatheorie der Erziehung, München, Basel 1978, S. 158

13 Albert, H., Theorie und Prognose in den Sozialwissenschaften in: *Ulich, D.* (Hrsg.), Theorie und Methode der Erziehungswissenschaft, Weinheim, Basel 1972, S. 219–222

14 Popper, K. R., Die offene Gesellschaft und ihre Feinde, 4. Aufl. München 1975

15 Popper, K. R., Das Elend des Historizismus, 3. Aufl. Tübingen 1971, S. 14–16 und 61–66

16 Ebd. 61

17 Ebd. 64

18 Abert, H., Der Mythos der totalen Vernunft in: *Adorno, Th.* u. a., Der Positivismusstreit in der deutschen Soziologie, Neuwied 1969, S. 233

19 Popper, K. R., Das Elend des Historizismus, 3. Aufl., Tübingen 1971, S. 51–57

20 Brezinka, W., Metatheorie der Erziehung, München, Basel 1978, S. 25

21 Ebd. 26

22 Schleiermacher, F. E. D., Theorie der Erziehung in: *Schleiermacher, F. E. D.*, Ausgewählte Schriften hrsg. v. *Lichtenstein, E.*, 2. Aufl. Paderborn 1969, S. 99–174

23 Hegel, G. W. F., Phänomenologie des Geistes hrsg. v. *Moldenhauer, E.* u. *Michel, K. M.*, Frankfurt a. Main 1970, S. 61–81

24 Adorno, Th., Zur Logik der Sozialwissenschaften in: *Adorno, Th.* u. a., Der Positivismusstreit in der deutschen Soziologie, Neuwied 1969, S. 127

25 Habermas, J., Analytische Wissenschaftstheorie und Dialektik in: *Adorno, Th.* u. a., Der Positivismusstreit in der deutschen Soziologie, Neuwied 1969, S. 156

26 Gadamer, H.-G., Rhetorik, Hermeneutik, Ideologiekritik in: *Apel, K. O.* u. a., Hermeneutik und Ideologiekritik, Frankfurt a. Main 1971, S. 78

27 Albert, H., Der Mythos der totalen Vernunft in: *Adorno, Th.* u. a., Der Positivismusstreit in der deutschen Soziologie, Neuwied 1969, S. 193–234

28 Albert, H., Traktat über kritische Vernunft, 3. Aufl. Tübingen 1975, S. 141f.

29 Gadamer, H.-G., Wahrheit und Methode, 4. Aufl. Tübingen 1975, S. XX

30 Albert, H., Traktat über kritische Vernunft, 3. Aufl. Tübingen 1975, S. 142

31 Ebd. 142, Anm. 26

32 Gadamer, H.-G., Wahrheit und Methode, 4. Aufl. Tübingen 1975, S. 420

33 Gadamer, H.-G., Rhetorik, Hermeneutik, Ideologiekritik in: *Apel, K. O.* u. a., Hermeneutik und Ideologiekritik, Frankfurt a. Main 1971, S. 72

34 Siller, R., Strukturen erzieherischer Kommunikation in: *Westermanns* Pädagogische Beiträge 28 (1976), S. 48

35 Albert, H., Traktat über kritische Vernunft, 3. Auf. Tübingen 1975, S. 137

36 Popper, K. R., Das Elend des Historizismus, 3. Aufl. Tübingen 1971, S. 21–23

37 Ebd. 23

38 Albert, H., Hermeneutik und Realwissenschaft in: *Albert, H.*, Plädoyer für kritischen Rationalismus, 3. Aufl. München 1973, S. 123

39 Ebd. 124

40 Ebd. 149

41 Albert, H., Traktat über kritische Vernunft, 3. Aufl. Tübingen 1975, S. 133

42 Gadamer, H.-G., Wahrheit und Methode, 4. Aufl. Tübingen 1975, S. 402

43 Gadamer, H.-G., Rhetorik, Hermeneutik, Ideologiekritik in: *Apel, K. O.* u. a., Hermeneutik und Ideologiekritik, Frankfurt a. Main 1971, S. 73

44 Ebd.

45 Albert, H., Traktat über kritische Vernunft, 3. Aufl. Tübingen 1975, S. 136

46 Ebd.

47 Brezinka, W., Metatheorie der Erziehung, München, Basel 1978, S. 127

48 Ebd. 129

49 Albert, H., Hermeneutik und Realwissenschaften in: Plädoyer für kritischen Rationalismus, 3. Aufl., München 1973, S. 124–148

VII Ideologiekritik contra Traditionsgebundenheit des Verstehens – Der Hermeneutikstreit

1 Apel, K. O. u. a., Hermeneutik und Ideologiekritik, Frankfurt a. Main 1971

2 Adorno, Th. u. a., Der Positivismusstreit in der deutschen Soziologie, Neuwied 1969

3 Klafki, W., Erziehungswissenschaft als kritisch-konstruktive Theorie: Hermeneutik-Empire-Ideologiekritik in: *Klafki, W.*, Aspekte kritisch-konstruktiver Erziehungswissenschaft, Weinheim, Basel 1976, S. 13–19

Klafki, W., Ideologiekritik und Erziehungswissenschaft in: Ebd. 50–55

4 Lempert, W., Bildungsforschung und Emanzipation in: *Ulich, D.* (Hrsg.), Theorie und Methode der Erziehungswissenschaft, Weinheim, Basel 1972, S. 342–378

5 Mollenhauer, K., Theorien zum Erziehungsprozeß, München 1972

6 Gadamer, H.-G., Wahrheit und Methode, 4. Aufl. Tübingen 1975, S. 274

7 Habermas, J., Zu Gadamers ‚Wahrheit und Methode' in: *Apel, K. O.* u. a., Hermeneutik und Ideologiekritik, Frankfurt a. Main 1971, S. 47 f.

8 Ebd. 52

9 Gadamer, H.-G., Rhetorik, Hermeneutik, Ideologiekritik in: Ebd. 75

10 Habermas, J., Zu Gadamers ‚Wahrheit und Methode' in: Ebd. 55

11 Ebd. 53

12 Ebd. 55

13 Ebd. 54

14 Habermas, J., Erkenntnis und Interesse in: *Habermas, J.*, Technik und Wissenschaft als Ideologie, Frankfurt a. Main 1968, S. 162

15 Gadamer, H.-G., Rhetorik, Hermeneutik, Ideologiekritik in: *Apel, K. O.* u. a., Hermeneutik und Ideologiekritik, Frankfurt a. Main 1971, S. 68

16 Ebd. 70

17 Ebd. 71

18 Ebd. 72

19 Habermas, J., Der Universalitätsanspruch der Hermeneutik in: *Apel, K. O.* u. a., Hermeneutik und Ideologiekritik, Frankfurt a. Main 1971, S. 132

20 Gadamer, H.-G., Replik in: Ebd. 291

21 Klafki, W., Erziehungswissenschaft als kritisch-konstruktive Theorie: Hermeneutik – Empirie – Ideologiekritik in: *Klafki, W.*, Aspekte kritisch-konstruktiver Erziehungswissenschaft, Weinheim, Basel 1976, S. 41

22 Habermas, J., Der Universalitätsanspruch der Hermeneutik in: *Apel, K. O.* u. a., Hermeneutik und Ideologiekritik, Frankfurt a. Main 1971, S. 158

23 Ebd.

24 Habermas, J., Erkenntnis und Interesse, Frankfurt a. Main 1973, S. 334

25 Ebd. S. 341–342

26 Habermas, J., Technik und Wissenchaft als Ideologie in: *Habermas, J.*, Technik und Wissenchaft als Ideologie, Frankfurt a. Main 1968, S. 99

27 Habermas, J., Erkenntnis und Interesse, Frankfurt a. Main 1973, S. 339–340

28 Habermas, J., Der Universalitätsanspruch der Hermeneutik in: *Apel, K. O.*, u. a., Hermeneutik und Ideologiekritik, Frankfurt a. Main 1971, S. 158

29 Ebd. 149

30 Ebd. 148

31 Ebd. 150

32 Habermas, J., Vorbereitende Bemerkungen zu einer Theorie der kommunikativen Kompetenz in: *Habermas, J.* u. *Luhmann, N.*, Theorie der Gesellschaft oder Sozialtechnologie, Frankfurt a. Main 1971, S. 137

33 Gadamer, H.-G., Rhetorik, Hermeneutik, Ideologiekritik in: *Apel, K. O.* u. a., Hermeneutik und Ideologiekritik, Frankfurt a. Main 1971, S. 81

34 Ebd.

35 Ebd. 82

36 Gadamer, H.-G., Replik in: *Apel, K. O.* u. a., Hermeneutik und Ideologiekritik, Frankfurt a. Main 1971, S. 303f.

37 Ebd. 305

38 Ebd. 304

39 Habermas, J., Erkenntnis und Interesse, Frankfurt a. Main 1973, S. 346

40 Gadamer, J., Replik in: *Apel, K. O.* u. a., Hermeneutik und Ideologiekritik, Frankfurt a. Main 1971, S. 287

VIII Hermeneutik und Phänomenologie

1 Husserl, E., Logische Untersuchungen, 3 Bde, 4. Aufl. Halle a. d. Saale 1928

2 Heidegger, M., Sein und Zeit, 9. Aufl. Tübingen 1960, S. 35

3 Szilasi, W., Einführung in die Phänomenologie *E. Husserls*, Tübingen 1959, S. 3–5

4 Ebd.

5 Fischer, A., Deskriptive Pädagogik in: *Oppolzer, S.*, Denkformen und Forschungsmethoden der Erziehungswissenschaft Bd. 1, München 1966, S. 83–99

6 Ebd. 84

7 Ebd. 89

8 Ebd. 88

9 Ebd. 90

10 Ebd. 97

11 Lochner, R., Deutsche Erziehungswissenschaft, Meisenheim 1963

12 Lochner, R., Zur Grundlegung einer selbständigen Erziehungswissenschaft in: *Nicolin, F.* (Hrsg.), Pädagogik als Wissenschaft, Darmstadt 1969, S. 404

13 Heidegger, M., Sein und Zeit, 9. Aufl. Tübingen 1960, S. 27–39

14 Husserl, E., Die Idee der Phänomenologie, Halle a. d. Saale 1907

15 Heidegger, M., Sein und Zeit, 9. Aufl. Tübingen 1960, S. 29

16 Husserl, E., Die Krisis der europäischen Wissenschaften und die transzendentale Phänomenologie. Eine Einleitung in die phänomenologische Philosophie hrsg. v. *Biemel, W.*, Den Haag 1954

17 Bollnow, O. F., Die anthropologische Betrachtungsweise in der Pädagogik, Essen 1965, S. 30–43

18 Ebd. 42

19 Seiffert, H., Einführung in die Wissenschaftstheorie Bd. 2, München 1970, S. 37

20 Schneider, K., Das Problem der Beschreibung in der Erziehungswissenschaft, Heidelberg 1971, S. 92

21 Groothoff, H.-H., Phänomenologie der Erziehung in: *Ellwein, Th., Groothoff, H.-H., Rauschenberger, H., Roth, H.* (Hrsg.), Erziehungswissenschaftliches Handbuch Bd. 4, Berlin 1975, S. 213

22 Kant, I., Kritik der reinen Vernunft, Akademieausgabe Bd. 3, Berlin 1904, S. 10.

23 Benner, D., Hauptströmungen der Erziehungswissenschaft, München 1973, S. 179

IX Hermeneutik und Dialektik

1 Litt, Th., Führen oder Wachsenlassen. Eine Erörterung des pädagogischen Grundprinzips, 5. Aufl. Stuttgart 1952

2 Platon, Sophistes 250 a ff. in: *Platon*, Sämtliche Werke Bd. 2 hrsg. v. *Loewenthal, E.*, 6. Aufl. Köln 1969, S. 711

3 Ebd. 219 a ff. in: Ebd. 669 ff.

4 Art. „Dialektik" in: *Ritter, J.* (Hrsg.), Historisches Wörterbuch der Philosophie Bd. 2, Basel, Darmstadt 1972, Sp. 164 ff.

5 Ebd. 192–193

6 Ebd. 198–205

7 Ebd. 206

8 Engels, Fr., Dialektik der Natur. Studienausgabe Bd. 2 hrsg. v. *Mehringer, H.* u. *Mergner, G.*, Hamburg 1973, S. 88

9 Horkheimer, M., Traditionelle und kritische Theorie, Frankfurt a. Main 1970, S. 12–64

10 Adorno, Th., Negative Dialektik, Frankfurt a. Main 1966

11 Habermas, J., Erkenntnis und Interesse in: *Habermas, J.*, Technik und Wissenschaft als Ideologie, Frankfurt a. Main 1968, S. 164

12 Habermas, J., Der Universalitätsanspruch der Hermeneutik in: *Apel, K. O.* u. a., Hermeneutik und Ideologiekritik, Frankfurt a. Main 1971, S. 139–149

13 Habermas, J., Erkenntnis und Interesse in: Technik und Wissenschaft als Ideologie, Frankfurt a. Main 1968, S. 158

14 Ebd.

15 Schleiermacher, F. E. D., Dialektik hrsg. v. *Odebrecht, R.*, München 1942

16 Ebd. 48

17 Schleiermacher, F. E. D., Ausgewählte pädagogische Schriften hrsg. v. *Lichtenstein, E.*, 2. Aufl. Paderborn 1969, S. 36–81

18 Röhrs, H., Forschungsmethoden in der Erziehungswissenschaft, Stuttgart 1971, S. 67–70

19 Klafki, W., Dialektisches Denken in der Pädagogik in: *Oppolzer, S.* (Hrsg.), Denkformen und Forschungsmethoden in der Erziehungswissenschaft Bd. 1, München 1966, S. 168–175

20 Schmied-Kowarzik, W., Dialektische Pädagogik in: *Ellwein, Th., Groothoff, H.-H., Rauschenberger, H., Roth, H.* (Hrsg.), Erziehungswissenschaftliches Handbuch Bd. IV, Berlin 1975, S. 109–113

21 Ebd. 113–116

22 Hoffmann, E., Das dialektische Denken in der Pädagogik, Langensalza 1929, S. 56–57

23 Ebd. 36–37

24 Ebd. 16–34

25 Klafki, W., Dialektisches Denken in der Pädagogik in: *Oppolzer, S.*, Denkformen und Forschungsmethoden in der Erziehungswissenschaft Bd. 1, München 1966, S. 159–182

26 Ebd. 179

27 Gamm, H. J., Kritische Schule, München 1970, S. 213

28 Ebd. 157–212

29 Gamm, H. J., Das Elend der spätbürgerlichen Pädagogik, München 1972, S. 29–83

30 Gadamer, H.-G., Wahrheit und Methode, 4. Aufl. Tübingen 1975, S. 450

31 Habermas, J., Analytische Wissenschaftstheorie und Dialektik in: *Adorno, Th.* u. a., Der Positivismusstreit in der deutschen Soziologie, Neuwied 1969, S. 155–161

X Pädagogische Hermeneutik verschiedener erziehungswissenschaftlicher Disziplinen

1 Brezinka, W., Metatheorie der Erziehung, München, Basel 1978, S. 53

2 Mut zur Erziehung. Beitrag zu einem Forum im Wissenschaftszentrum Bonn-Bad Godesberg, Stuttgart 1978

3 Fend, H., Sozialisierung und Erziehung, Weinheim, Basel 1969

4 Röhrs, H., Allgemeine Erziehungswissenschaft, 3. Aufl. Weinheim, Basel 1973, S. 319

5 Schelsky, H., Anpassung oder Widerstand? Soziologische Bedenken zur Schulreform, Heidelberg 1961

6 Beckmann, H.-K., Gegenwärtiger Stand der Differenzierung der Erziehungswissenschaft in: *Klafki, W.* u. a., Funk-Kolleg Erziehungswissenschaft Bd. 3, Frankfurt a. Main 1971, S. 231

7 Deutscher Bildungsrat, Strukturplan für das Bildungswesen, Stuttgart 1972, S. 197

8 Spaemann, R., Autonomie, Mündigkeit, Emanzipation. Zur Ideologisierung von Rechtsbegriffen in: *Oppolzer, S.* u. *Lassahn, R.* (Hrsg.), Erziehungswissenschaft 1971, Wuppertal 1971, S. 317–324

9 Zabeck, J., Allgemeinbildung und Berufsbildung in: *Schanz, H.*, Grundfragen der Berufsbildung, Stuttgart 1974, S. 41–56

10 Rünger, H., Einführung in die Sozialpädagogik, 2. Aufl. Witten 1973, S. 46–52

11 Debl, H. (Hrsg.), Die Pädagogik im Dialog mit ihren Grenzwissenschaften, München 1971

12 Ebd. 7

13 Benner, D., Hauptströmungen der Erziehungswissenschaft, München 1973, S. 327–346

Schluß: Pädagogische Hermeneutik und die Folgen

1 Habermas, J., Erkenntnis und Interesse in: Technik und Wissenschaft als Ideologie, Frankfurt a. Main 1968, S. 150–155

2 Lempert, W., Bildungsforschung und Emanzipation in: *Ulich, D.* (Hrsg.), Theorie und Methode der Erziehungswissenschaft, Weinheim 1972, S. 491–493

3 Apel, K. O. u. a., Hermeneutik und Ideologiekritik, Frankfurt a. Main 1971, S. 45–82

4 Groothoff, H.-H., Einführung in die Erziehungswissenschaft, Ratingen 1975, S. 163

Literaturverzeichnis

Adorno, Th., Negative Dialektik, Frankfurt a. Main 1966

Adorno, Th. u. a., Der Positivismusstreit in der deutschen Soziologie, Neuwied 1969

Albert, H., Traktat über kritische Vernunft, 3. Aufl. Tübingen 1975

Albert, H., Hermeneutik und Realwissenschaft in: Albert, H., Plädoyer für kritischen Rationalismus, 3. Aufl. München 1973

Albert, H., Der Mythos der totalen Vernunft in: Adorno, Th. u. a., Der Positivismusstreit in der deutschen Soziologie, Neuwied 1969, S. 193–234

Albert, H., Im Rücken des Positivismus? in: Adorno, Th. u. a., Der Positivismusstreit in der deutschen Soziologie, Neuwied 1969, S. 267–306

Albert, H. u. *Topitsch, E.* (Hrsg.), Werturteilsstreit, Darmstadt 1971

Apel, K. O., Sprechakttheorie und transzendentale Sprachpragmatik zur Frage ethischer Normen in: Apel, K. O. (Hrsg.), Sprachpragmatik und Philosophie, Frankfurt a. Main 1976, S. 10–173

Beck, J. u. a., Thesen zur emanzipatorischen Erziehung in: Beck, J. u. a., Erziehung in der Klassengesellschaft, München 1972, S. 151–153

Beckmann, H.-K., Gegenwärtiger Stand der Differenzierung der Erziehungswissenschaft in: Klafki, W. u. a., Funkkolleg Erziehungswissenschaft Bd. 3, Frankfurt a. Main 1971, S. 230–231

Benner, D., Hauptströmungen der Erziehungswissenschaft, München 1973

Berger, P., *Luckmann, Th.*, Die gesellschaftliche Konstruktion der Wirklichkeit, Frankfurt a. Main 1969

Betti, E., Allgemeine Auslegungslehre als Methodik der Geisteswissenschaften, Tübingen 1962

Bollnow, O. F., Empirische Erziehungswissenschaft und Hermeneutische Pädagogik in: Zschr. für Pädagogik 17 (1971), S. 683–702

Bollnow, O. F., Das Verstehen. Drei Aufsätze zur Theorie der Geisteswissenschaften, Mainz 1949

Bollnow, O. F., Die anthropologische Betrachtungsweise in der Pädagogik, Essen 1965

Brezinka, W., Von der Pädagogik zur Erziehungswissenschaft, Weinheim, Basel 1971

Brezinka, W., Metatheorie der Erziehung, München, Basel 1978

Bubner, R., *Cramer, K.*, *Wiehl, R.* (Hrsg.), Hermeneutik und Dialektik, Tübingen 1970

Coreth, E., Grundfragen der Hermeneutik. Ein philosophischer Beitrag, Freiburg, Basel, Wien 1969

Debl, H. (Hrsg.), Die Pädagogik im Dialog mit ihren Grenzwissenschaften, München 1971

Deutscher Bildungsrat, Strukturplan für das Bildungswesen, 4. Aufl. Stuttgart 1972

Diemer, A., Elementarkurs Philosophie: Hermeneutik, Düsseldorf 1977

Dilthey, W., Die Entstehung der Hermeneutik in: Gesammelte Schriften Bd. V hrsg. v. Misch, G., 4. Aufl. Göttingen, Stuttgart 1964, S. 317–338
Engels, Fr., Dialektik der Natur. Studienausgabe Bd. 2 hrsg. v. Mehringer, H. u. Mergner, G., Hamburg 1973
Fend, H., Sozialisierung und Erziehung, Weinheim, Basel 1969
Fischer, A., Deskriptive Pädagogik in: Oppolzer, S., Denkformen und Forschungsmethoden der Erziehungswissenschaft Bd. 1, München 1966, S. 83–99
Flitner, W., Stellung und Methode der Erziehungswissenschaft in: Nicolin, F. (Hrsg.), Pädagogik als Wissenschaft, Darmstadt 1969, S. 370–379
Flitner, W., Das Selbstverständnis der Erziehungswissenschaft in der Gegenwart, 4. Aufl. Heidelberg 1966
Gadamer, H.-G., Wahrheit und Methode, 4. Aufl. Tübingen 1975
Gadamer, H.-G., Art. „Hermeneutik" in: Ritter, J. (Hrsg.) Historisches Wörterbuch der Philosophie Bd. 3, Basel, Darmstadt 1974, Sp. 1061–1073
Gadamer, H.-G., Rhetorik, Hermeneutik, Ideologiekritik in: Apel, K. O. u. a., Hermeneutik und Ideologiekritik, Frankfurt a. Main 1971, S. 57–82
Gadamer, H.-G., Replik in: Apel, K. O. u. a., Hermeneutik und Ideologiekritik, Frankfurt a. Main 1971, S. 283–317
Gadamer, H.-G. u. *Boehm, G.*, Seminar: Die Hermeneutik und die Wissenschaften, Frankfurt a. Main 1978
Gamm, H. J., Das Elend der spätbürgerlichen Pädagogik, München 1972
Gamm, H. J., Kritische Schule, München 1970
Groothoff, H.-H., Phänomenologie der Erziehung in: Ellwein, Th., Groothoff, H.-H., Rauschenberger, H., Roth, H. (Hrsg.), Erziehungswissenschaftliches Handbuch Bd. 4, Berlin 1975, S. 205–217
Groothoff, H.-H., Einführung in die Erziehungswissenschaft, Ratingen 1975
Habermas, J., Technik und Wissenschaft als Ideologie in: Habermas, J., Technik und Wissenschaft als Ideologie, Frankfurt a. Main 1968, S. 48–103
Habermas, J., Zu Gadamers ‚Wahrheit und Methode' in: Apel, K. O. u. a., Hermeneutik und Ideologiekritik, Frankfurt a. Main 1971
Habermas, J., Vorbereitende Bemerkungen zu einer Theorie der kommunikativen Kompetenz in: Habermas, J. u. Luhmann, N., Theorie der Gesellschaft oder Sozialtechnologie, Frankfurt a. Main 1979, S. 101–141
Habermas, J., Analytische Wissenschaftstheorie und Dialektik in: Adorno, Th. u. a., Der Positivismusstreit in der deutschen Soziologie, Neuwied 1969, S. 155–192
Habermas, J., Erkenntnis und Interesse, Frankfurt a. Main 1968
Habermas, J., Der Universalitätsanspruch der Hermeneutik in: Apel, K. O. u. a., Hermeneutik und Ideologiekritik, Frankfurt a. Main 1971, S. 120–159
Habermas, J., Zur Logik der Sozialwissenschaften, Frankfurt a. Main 1970
Habermas, J., Gegen einen positivistisch halbierten Rationalismus in: Adorno, Th. u. a., Der Positivismusstreit in der deutschen Soziologie, Neuwied 1969, S. 235–266.

Habermas, J., Erkenntnis und Interesse in: Habermas, J., Technik und Wissenschaft als Ideologie, Frankfurt a. Main 1968, S. 146–168

Hegel, G. W. F., Phänomenologie des Geistes hrsg. v. Moldenhauer, E. u. Michel, K. M., Frankfurt a. Main 1970

Heidegger, M., Sein und Zeit, 9. Aufl. Tübingen 1960

Heitger, M., Was heißt normative Pädagogik? in: Erziehung und Unterricht 125 (1975), S. 730–742

Heitger, M., Über den Begriff der Normativität in der Pädagogik in: Ergänzungsheft zur Vierteljahresschrift für wissenschaftliche Pädagogik, Neue Folge, Heft 4, Bochum 1966, S. 730–742

Hoffmann, E., Das dialektische Denken in der Pädagogik, Langensalza 1929

Horkheimer, M., Traditionelle und kritische Theorie, Frankfurt a. Main 1970

Hruscha, J., Das Verstehen von Rechtstexten, München 1972

Hufnagel, E., Einführung in die Hermeneutik, Stuttgart, Berlin 1976

Husserl, E., Logische Untersuchungen, 3 Bde, 4. Aufl. Halle a. d. Saale 1928

Husserl, E., Die Idee der Phänomenologie, Halle a. d. Saale 1907

Husserl, E., Die Krisis der europäischen Wissenschaften und die transzendentale Phänomenologie. Eine Einleitung in die phänomenologische Philosophie hrsg. v. Biemel, W., Den Haag 1954

Kant, I., Kritik der reinen Vernunft, Akademieausgabe Bd. 3, Berlin 1904

Klafki, W., Dialektisches Denken in der Pädagogik in: Oppolzer, S., Denkformen und Forschungsmethoden in der Erziehungswissenschaft Bd. 1, München 1966, S. 159–184

Klafki, W., Hermeneutische Verfahren in der Erziehungswissenschaft in: Klafki, W. u. a., Funk-Kolleg Erziehungswissenschaft Bd. 3, Frankfurt a. Main 1971, S. 126–150

Klafki, W., Erziehungswissenschaft als kritisch-konstruktive Theorie in: Klafki, W., Aspekte kritisch-konstruktiver Erziehungswissenschaft, Weinheim, Basel 1976, S. 13–49

Klafki, W., Ideologiekritik und Erziehungswissenschaft in: Klafki, W., Aspekte kritisch-konstruktiver Erziehungswissenschaft, Weinheim, Basel 1976, S. 50–55

Klafki, W., Zum Verhältnis von Theorie und Praxis in der Erziehungswissenschaft in: Klafki, W. u. a., Funk-Kolleg Erziehungswissenschaft Bd. 3, Frankfurt a. Main 1971, S. 173–183

Kuhn, Th. S., Die Struktur wissenschaftlicher Revolutionen, Frankfurt a. Main 1967

Kümmel, Fr., Verständnis und Vorverständnis. Subjektive Voraussetzungen und objektiver Anspruch des Verstehens, Essen 1965

Kümmel, Fr., Die hermeneutische Position im Positivismusstreit in: Büttemeyer, W. u. Möller, B., Der Positivismusstreit in der deutschen Erziehungswissenschaft, München 1979

Lassahn, R., Einführung in die Pädagogik, Heidelberg 1974

Lempert, W., Bildungsforschung und Emanzipation in: Ulich, D. (Hrsg.), Theorie und Methode der Erziehungswissenschaft, Weinheim, Basel 1972, S. 342–378
Litt, Th., Das Wesen des pädagogischen Denkens in: Nicolin, F. (Hrsg.), Pädagogik als Wissenschaft, Darmstadt 1969, S. 268–304
Litt, Th., Führen oder Wachsenlassen. Eine Erörterung des pädagogischen Grundprinzips, 5. Aufl. Stuttgart 1952
Lochner, R., Deutsche Erziehungswissenschaft, Meisenheim 1963
Lochner, R., Zur Grundlegung einer selbständigen Erziehungswissenschaft in: Nicolin, F. (Hrsg.), Pädagogik als Wissenschaft, Darmstadt 1969, S. 404–426
Lorenzen, P. u. *Schwemmer, O.*, Konstruktive Logik, Ethik und Wissenschaftstheorie, Wien, Zürich 1973
Lübbe, H., Philosophie nach der Aufklärung. Von der Notwendigkeit pragmatischer Vernunft, Düsseldorf, Wien 1980
Menze, Cl., Die Wissenschaft von der Erziehung in Deutschland in: Speck, J. (Hrsg.), Problemgeschichte der neueren Pädagogik Bd. 1, Stuttgart 1976, S. 9–107
Mollenhauer, Kl., Erziehung und Emanzipation, 4. Aufl. München 1970
Mollenhauer, Kl., Theorien zum Erziehungsprozeß, München 1972
Mut zur Erziehung. Beiträge zu einem Forum im Wissenschaftszentrum Bonn-Bad Godesberg, Stuttgart 1978
Newton, I., Papers and letters in natural Philosophy hrsg. v. Cohen, J. B., London 1958
Nicolin, F. (Hrsg.), Pädagogik als Wissenschaft, Darmstadt 1969
Nohl, H., Die Möglichkeit einer allgemeingültigen Theorie der Bildung in: Nicolin, F. (Hrsg.), Pädagogik als Wissenschaft, Darmstadt 1969
Oelkers, J., Die Vermittlung zwischen Theorie und Praxis in der Pädagogik, München 1976
Piepmeier, R., Aporien des Lebensbegriffs seit Oetinger, Freiburg, München 1978
Platon, Sphistes in: Platon, Sämtliche Werke Bd. 2 hrsg. v. Loewenthal, E., 6. Aufl. Köln 1969, S. 663–740
Popper, K., Logik der Forschung, 6. Aufl. Tübingen 1976
Popper, K., Die Logik der Sozialwissenschaften in: Adorno, Th. u. a., Der Positivismusstreit in der deutschen Soziologie, Neuwied 1969, S. 103–124
Popper, K. R., Das Elend des Historizismus, 3. Aufl. Tübingen 1971
Popper, K. R., Die offene Gesellschaft und ihre Feinde, 2 Bde., 4. Aufl. München 1975
Riedel, M., Verstehen oder Erklären: Zur Theorie und Geschichte der hermeneutischen Wissenschaften, Stuttgart 1978
Röhrs, H., Forschungsmethoden in der Erziehungswissenschaft, 2. Aufl. Stuttgart 1972
Röhrs, H., Allgemeine Erziehungswissenschaft, 3. Aufl. Weinheim, Basel 1973
Rünger, H., Einführung in die Sozialpädagogik, 2. Aufl. Witten 1973

Schelsky, H., Anpassung oder Widerstand? Soziologische Bemerkungen zur Schulreform, Heidelberg 1961
Schleiermacher, F. E. D., Ausgewählte Schriften, hrsg. v. Lichtenstein, E., 2. Aufl. Paderborn 1969
Schleiermacher, F. E. D., Dialektik hrsg. v. Odebrecht, R., München 1942
Schleiermacher, F. E. D., Hermeneutik hrsg. v. Kimmerle, H., Heidelberg 1959
Schmied-Kowarzik, W., Dialektische Pädagogik in: Ellwein, Th., Groothoff, H.-H., Rauschenberger, H., Roth, H. (Hrsg.), Erziehungswissenschaftliches Handbuch Bd. IV, Berlin 1975, S. 89–141
Schneider, K., Das Problem der Beschreibung in der Erziehungswissenschaft, Heidelberg 1971
Seebohm, Th. M., Zur Kritik der hermeneutischen Vernunft, Bonn 1972
Seiffert, H., Einführung in die Wissenschaftstheorie Bd. 2, München 1970
Siller, R., Strukturen erzieherischer Kommunikation in: Westermanns Pädagogische Beiträge 28 91976), S. 40–86
Spaemann, R., Autonomie, Mündigkeit, Emanzipation. Zur Ideologisierung von Rechtsbegriffen in: Oppolzer, S. u. Lassahn, R. (Hrsg.), Erziehungswissenschaft 1971, Ratingen 1971, S. 317–324
Spaemann, R., Sinnstiftung in einer hypothetischen Zivilisation in: Neue Zürcher Zeitung 10. Dez. 1976, S. 8
Spranger, E., Ist Pädagogik eine Wissenschaft? In: Gesammelte Schriften Bd. II, hrsg. v. Bollnow, O. F. u. Bräuer, G., Heidelberg 1973, S. 336–352
Sünkel, W., Über Emanzipation – in pädagogischer Hinsicht in: Boehm, W. u. Schriever, J. (Hrsg.), Geschichte der Pädagogik und systematische Erziehungswissenschaft, Stuttgart 1975, S. 262–274
Szilasi, W., Einführung in die Phänomenologie E. Husserls, Tübingen 1959
Ulich, D., Probleme und Möglichkeiten erziehungswissenschaftlicher Theoriebildung in: Ulich, D. (Hrsg.), Theorie und Methode der Erziehungswissenschaft, Weinheim, Basel 1972, S. 13–88
Warnack, V., Hermeneutik als Weg heutiger Wissenschaft, München, Salzburg 1971
Wittgenstein, L., Tractatus logico-philosophicus, 4. Aufl. Frankfurt a. Main 1963
Zabeck, J., Allgemeinbildung und Berufsbildung in: Schanz, H., Grundragen der Berufsbildung, Stuttgart 1974, S. 41–56

Personenregister

Sachregister